Knaur

Günter Richter

Bessere Fotos

Tipps und Tricks aus der Praxis

Knaur

Günter Richter

Bessere Fotos

Tipps und Tricks aus der Praxis

Motivgerechte Bildgestaltung

Bibliografische Information Der Deutschen Bibliothek
Die Deutsche Bibliothek verzeichnet diese Publikation in der Deutschen Nationalbibliografie; detaillierte bibliografische Daten sind im Internet über http://dnb.ddb.de abrufbar

Bibliografic information published by Die Deutsche Bibliothek
Die Deutsche Bibliothek lists this publication in the Deutsche Nationalbibliografie; detailed bibliografic data is available in the internet at http://dnb.ddb.de

Fotografie: Günter Richter
Lektorat: Manfred Braun
Umschlagkonzeption: Zero Werbeagentur, München
Herstellung: Dagmar Guhl
Satz und Layout: Dagmar Guhl

Reproduktion: LithoArt, München
Druck: Appl, Wemding

Gedruckt auf 135 g umweltfreundlich chlorfrei gebleichtes Papier.

ISBN 3-426-66745-2
Printed in Germany

www.knaur.de

Inhaltsverzeichnis

Vorwort

Fotografie ist etwas so Lebendiges, dass sich jeder unmittelbar angesprochen fühlt. Denn mit Ihren Fotos möchten Sie Dinge festhalten, die wert sind, über den Augenblick hinaus zu leben. Wenn Sie bisher vielleicht zuweilen von Ihren Bildern enttäuscht waren, so trennten Sie in Wirklichkeit nur ein oder zwei kleine Schritte von einer viel größeren fotografischen Befriedigung, denn schuld waren lediglich einige Kleinigkeiten, deren Sie sich entweder noch nicht bewusst waren oder die Sie vernachlässigt haben. Diese feinen Unterschiede möchte ich Ihnen auf den folgenden Seiten näherbringen, ohne Ihre Geduld mit langen, abstrakten Abhandlungen auf die Probe zu stellen. Fotos sollen den Großteil der »Aufklärungsarbeit« leisten, sollen für sich selbst sprechen. Alle technischen Hinweise beziehen sich auf das noch immer populärste Aufnahmeformat, Kleinbild 24 mm x 36 mm. Im Prinzip sind sie jedoch auf

die Fotografie generell anwendbar. Und das gilt letztlich auch für die Art des »Speichermediums«, das Sie einsetzen. Ob Sie nämlich analog fotografieren – auf Film also – oder mit einer Digitalkamera, die rein fotografischen Gesichtspunkte sind dieselben. Gerade im Bereich der Digitalfotografie ist man bisher über das Pixelzählen noch kaum hinausgekommen. Dass eine Digitalkamera eigentlich zum »Fotografieren« da ist, hat man darüber lange Zeit völlig vergessen. Und so hält sie denn jeder mit den kühnsten Verrenkungen in die Luft, ohne auch nur einen Gedanken daran zu verschwenden, was ein Bild eigentlich ausmacht. Höchste Zeit, sich auf das Wesentliche zu besinnen. Dieses Buch wird Ihnen helfen, ohne viel Mühe mehr aus Ihren Bildern zu machen. Denn bessere Bilder machen doppelten Spaß - und kosten keinen Cent mehr.

Günter Richter

Aller Anfang ist leicht

Mit dem Film fängt alles an

Da haben Sie nun eine sooo automatische Kamera, dass man meinen könnte, sie mache die Bilder ganz von allein. Der Film jedoch, der schließlich den visuellen Eindruck zu einem Bild machen soll, wird im allgemeinen noch immer recht stiefmütterlich behandelt. Doch dieser Film ist schließlich ebenso wichtig für die Bildqualität wie jenes superscharfe Objektiv, auf das Sie so stolz sind. Und zudem gibt es ihn noch mit unterschiedlichster Empfindlichkeit! Jeder Film kann optimale Bilder nur mit einer ganz spezifischen Lichtmenge erzeugen. Diese entspricht seiner »Empfindlichkeit«, die in ISO angegeben wird. Normal empfindliches Material liegt etwa bei ISO 100/21°. Als Kurzbezeichnung finden Sie heute auf Kameras, Blitzgeräten usw. nur noch die erstere Zahl, die den früheren ASA-Werten entspricht. Je höher die ISO-Zahl, um so höher die Empfindlichkeit. Eine Verdoppelung der ersten Zahl entspricht doppelter Empfindlichkeit. So ist ein Film mit ISO 400/27° viermal so empfindlich wie Material mit ISO 100/21°. Allerdings - höhere Empfindlichkeit erfordert nicht nur Abstriche bei der Bildqualität, sondern auch einen höheren Preis. Setzen Sie Filme deshalb nicht wahllos, sondern gezielt nach den Erfordernissen ein.

Links: Ein Beispiel für die Leistungsfähigkeit moderner Diafilme mit ISO 400/27°. Selbst Leuchtreklamen werden so ohne Stativ zur leichten Beute - ein nicht zu lichtschwaches Objektiv vorausgesetzt.

Die Brennweite bestimmt den Bildwinkel

Wenn man in der Fotografie von »Brennweite« spricht, denkt man eigentlich an den Bildwinkel, den eben diese Brennweite einfängt und die Bildwirkung, die dadurch entsteht. So ergibt sich die Erkenntnis, dass eine kurze Brennweite sehr viel von der Szene abbildet, eine lange hingegen nur einen eng begrenzten Ausschnitt.
In der Kleinbildfotografie - das heißt, beim Aufnahmeformat 24 mm x 36 mm - entsprechen 28 mm etwa dem mittleren Weitwinkel, was noch keine allzu großen Anforderungen an Ihr fotografischen Können stellt. Darunter wird die Notwendigkeit des Nah-Herangehens immer größer. Denn Weitwinkel heißt Großabbildung des Vordergrunds. Je kürzer die Brennweite, um so stärker trägt der Vordergrund zum Bildaufbau bei.

Unten: Die Aufnahme mit Superweitwinkel 20 mm verdeutlicht die zwingende Wirkung einer sehr kurzen Brennweite und die Bedeutung eines nahen Vordergrunds, der dem Auge zum Maßstab für die Tiefe im Bild wird. Ohne einen solchen Vordergrund bliebe eine starke Weitwinkelaufnahme leer. So heißt Weitwinkel in der Aufnahmepraxis stets »hautnah«. Nur bei Personen ist Vorsicht am Platze: Ein Weitwinkelobjektiv stellt nahe Gegenstände größer dar als ferne. Und damit kann es bei Personen zu unschönen Verzerrungen kommen.

Rechts: Etwa 50 mm gelten in der Kleinbildfotografie als »normal«. Sie bilden alles etwa so ab, wie wir es zu sehen gewöhnt sind. Je länger die Brennweite, um so enger wird der Bildwinkel. Und das entspricht dem »T« auf so vielen Kameras.

Im Telebereich genießen Sie so manche Freiheit. So können Sie – je länger die Brennweite – die Kamera ungestraft ein wenig nach oben neigen, ohne dass Gebäude eine auffällige Tendenz zum »Umfallen« zeigen. Und das kommt natürlich der Bildgestaltung entgegen, denn Sie können unerwünschten Vordergrund bequem aus dem Bild verbannen. Das Bildbeispiel zeigt den Effekt: Allein durch die lange Brennweite - hier waren es 200 mm – ließ sich der Bildausschnitt optimieren.

Fast spielend verhilft Ihnen eine längere Brennweite zu besseren Bildern, denn sie verdichtet die Aussage. Tele-Aufnahmen zwingen zur Beschränkung auf das Wesentliche. Dem Betrachter wird nur noch das gezeigt, worauf es ankommt. Natürlich müssen Sie bei längeren Brennweiten für eine möglichst kurze Verschlusszeit sorgen: Aus der Hand lassen sich scharfe Aufnahmen meist nur erzielen, wenn die Verschlusszeit etwa dem Kehrwert der Aufnahmebrennweite (in Sekunden) entspricht.

Und bei 200 mm, zum Beispiel, wäre dies bereits 1/250 s, wenn man sich an den Festwerten einstellbarer Verschlusszeiten orientiert. Bei 400 mm Brennweite müssten Sie schon mindestens 1/500 s kurz belichten, um eine scharfe Aufnahme aus der Hand zu erzielen. Jetzt verstehen Sie auch, warum man bei Teleobjektiven an möglichst hoher Lichtstärke interessiert ist, denn kurze Verschlusszeiten lassen sich nur bei entsprechend gutem Licht bzw. mit entsprechend hoher Lichtstärke einsetzen.

Unten: Die Aufnahme unten entstand mit einer recht langen Brennweite – 400 mm – bei größter Blende 4,5. Sie zeigt, wie vorteilhaft die verdichtende Wirkung einer langen Brennweite sein kann. Der enge Bildwinkel schafft neue Verhältnisse im Bild.

Was in einer starken Tele-Aufnahme als »Vordergrund« wirkt, befindet sich in Wirklichkeit recht weit weg. Der Aufnahme selbst tut dies jedoch keinen Abbruch, solange man verschiedene Entfernungsebenen findet, die neuerlich eine gewisse Tiefenstaffelung ergeben.

Sehr ausgeprägt in die Tiefe gestaffelte Motive werden von einer sehr langen Brennweite gegebenenfalls so gestaucht, dass sich bereits eine unnatürliche Bildwirkung ergibt. Sie alle kennen jene Aufnahmen, in denen die Lichtmasten einer Straße aufeinander zu kleben scheinen – die Tiefe ist extrem eingeebnet. Denn während eine kurze Brennweite (von ein und demselben Standort) den Raum streckt und künstliche Tiefe im Bild schafft, rückt eine lange die Dinge näher aufeinander.

Was zuvor noch weit entfernt vom Hintergrund schien, wird von der langen Brennweite dicht an diesen herangerückt. Und so fällt es Ihnen nicht schwer, Ihr schönes Urlaubshotel in die viele Kilometer entfernten Berge zu verlegen...

Perspektive lässt sich manipulieren

Solange Sie mit unterschiedlichen Brennweiten von ein und demselben Standort fotografieren, ergeben sich zwar unterschiedliche Ausschnitte, die Perspektive jedoch – das Verhältnis der einzelnen Bildteile zueinander – bleibt gleich. Und allein deswegen sollten Sie es sich nicht angewöhnen, mit einem Zoomobjektiv vom selben Fleck mehrere Aufnahmen mit verschiedenen Ausschnitten zu machen. Interessant wird die Sache erst, wenn Sie einen Wechsel der Brennweite mit einem solchen des Standorts verbinden. Dann nämlich entstehen Bilder, die das Motiv in völlig verschiedener Sicht zeigen. Verkürzen Sie zum Beispiel bei der Annäherung an das Motiv die Brennweite, so dass stets etwa derselbe Ausschnitt erfasst wird, ergibt sich eine eklatante Veränderung der Bildwirkung. Bei relativ kurzer Brennweite angekommen, müssen Sie hierzu sehr nah an das Motiv herangehen, und Sie werden feststellen, dass eine verzerrte Darstellung sehr naher Bildteile dabei unausweichlich ist. Dabei hat diese Verzerrung nichts mit dem (korrigierbaren) Abbildungsfehler der Verzeichnung zu tun – sie ist allein eine Folge des großen Bildwinkels.

Links: Um etwa denselben Motivausschnitt mit immer kürzerer Brennweite abzubilden, wird zunehmende Annäherung erforderlich. Wirkt die obere Aufnahme mit 110 mm noch »kompakt«, ergibt sich bei 35 mm bereits deutlich mehr freier Raum. Am Ende – bei 20 mm – muss die Kamera bereits sehr stark nach oben geneigt werden. Bei Gebäuden entstehen ausgeprägte Fluchtlinien, die das Auge nicht mehr als natürlich akzeptiert – die Darstellung wird unansehnlich. Besonders deutlich werden die sogenannten stürzenden Linien an der krassen Gegenüberstellung mit dem Formatrahmen.

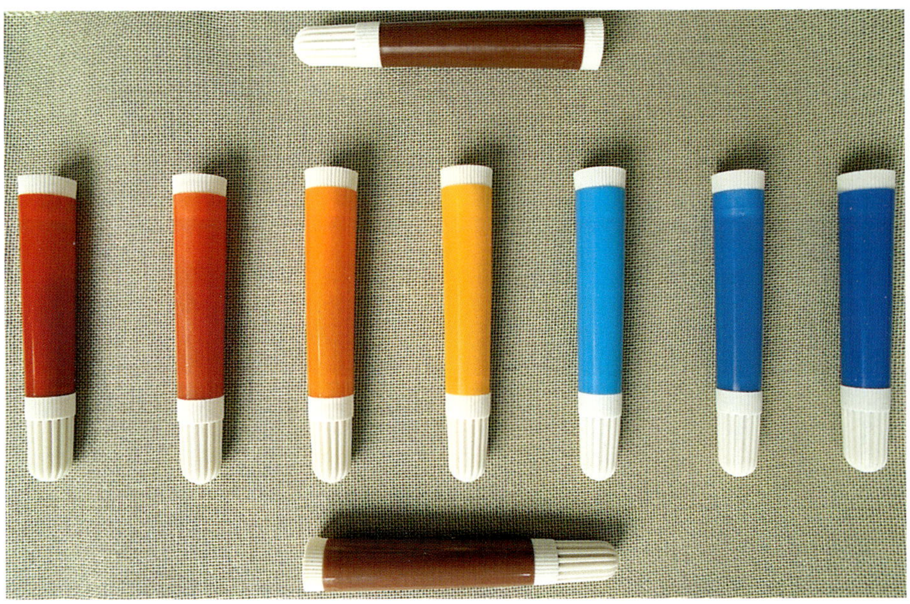

Seite 12 rechts unten: Starke Weitwinkelobjektive sind optische Großmäuler, sie übertreiben. Und dabei »verbiegen« sie auch einiges. Die Aufnahme mit 20 mm zeigt die entstehende perspektivische Verzerrung (nicht zu verwechseln mit dem Abbildungsfehler »Verzeichnung«): Die Farbstifte am Bildrand werden wesentlich breiter dargestellt als jene in der Mitte. Und ebenso erginge es Ihren Freunden, würden Sie sie mit so kurzer Brennweite aus der Nähe fotografieren! Dagegen ist kein Kraut gewachsen. Der Effekt ist schlicht eine Folge des in die Ebene des Bildes hineingepressten großen Bildwinkels. So hat letztlich jede Brennweite ihre ganz individuelle »Handschrift«.

Oben links: Eine Orange praktisch so groß wie ein Kopf? Sehen Sie, genau deshalb sollten Sie Objektive mit sehr kurzer Brennweite nicht für Personenaufnahmen einsetzen. Denn zwangsläufig müssen Sie zur akzeptablen Großabbildung sehr nah herangehen, und schon entstehen die verpönten Kartoffelnasen oder Schweinsohren. Und noch etwas fällt an der starken Weitwinkelaufnahme auf: Der große Bildwinkel führt zur Erfassung von sehr vielen Hintergrunddetails, welche die Aufnahme zusätzlich unruhig machen. Die Schärfe reicht – typisch für weite Winkel – weit hinein in den Hintergrund, und völlig unwichtige Details drängen sich dem Betrachter störend auf. Er muss sich durch eine Vielzahl von Informationen hindurcharbeiten, muss erst aussortieren, was denn nun wichtig ist und was nicht.

Oben rechts: Dieselbe Szene mit Brennweite 200 mm. Jetzt sind die Größenverhältnisse auf das Normale zurückgeführt, die Proportionen stimmen. Der enge Bildwinkel erfasst nur wenig Hintergrund – die Aufnahme wirkt weitaus ruhiger als das Weitwinkelbild. Zudem ist die Schärfentiefe bedeutend geringer, der Hintergrund konkurriert durch seine Unschärfe nicht mit dem eigentlichen Motiv. Für die Praxis bedeutet dies, dass Sie Personen vorzugsweise mit einer zumindest leicht längeren Brennweite fotografieren sollten. Für reine Porträts dürfen es ruhig 100 – 200 mm sein (so Sie haben). Während ein Weitwinkelobjektiv sehr kritisch schon auf eine geringe Kameraneigung reagiert, dürfen Sie die Kamera um so ungestrafter neigen, je länger die Brennweite. Dies gilt primär für Gebäude, letzten Endes jedoch auch für Personen.

Weitwinkelobjektive, das heißt kurze Brennweiten, verlangen wegen der vielen Details, die sie abbilden, große Umsicht und gestalterisches Können. Teleobjektive hingegen »beruhigen« das Bild, glätten die Wogen. Die Normalbrennweite 50 mm, schließlich, stellt alles etwa so dar, wie es dem Augeneindruck entspricht. Deshalb kommt allein sie für »Beweisaufnahmen« aller Art in Frage.

Bewegung im Bild

Nie steht die Welt still. So vieles um uns her ist in steter Bewegung, und dem Fotografen stellt sich die Frage, ob er es nun gestochen scharf abbilden sollte oder eher etwas unscharf.
Entscheidend für die Konturenschärfe ist die Verschlusszeit, jene Zeit also, über die das Licht auf den Film einwirkt. Eine kurze Zeit gibt dem Bild während der Belichtung keine oder nur wenig Gelegenheit, zu wandern und damit unscharfe Konturen zu erzeugen. Eine längere Zeit hingegen lässt eine gewisse Bildwanderung zu – Unschärfe ist die Folge. Hüten sollte man sich jedoch, absolute Schärfe als allein selig machend zu betrachten.

Unten: Eine kurze Verschlusszeit ist in der Lage, Bewegung im Bild »einzufrieren«. Wie kurz diese Zeit sein muss, hängt allerdings nicht nur von der Schnelligkeit dieser Bewegung ab, sondern auch von ihrer Richtung, von der Abbildungsgröße des bewegten Objekts und damit auch von der Brennweite. Für ein Beispiel wie dieses haben Sie mit 1/500 s schon eine gute Chance, wenn Sie die Bewegung möglichst im »Umkehrpunkt« erwischen, an dem sie am geringsten ist.

Oben rechts: Dass auch Unschärfe durchaus reizvoll sein kann, illustriert dieses Bild. Die Leuchtspuren eines Karussells kommen durch eine längere Verschlusszeit zur Geltung, noch verstärkt durch die zusätzliche Unschärfe, wie sie bei einer Freihandaufnahme mit längerer Verschlusszeit unvermeidlich ist. Doch in einer solchen Situation brauchen auch die ruhenden Bildteile nicht gestochen scharf zu sein.

Mitte rechts: Wasser ist ein Medium, das wir durch die Trägheit des Gesichtssinnes normalerweise nicht zu Tropfen »eingefroren« wahrnehmen. Deshalb sollten Sie – sobald Wasser im Spiel ist – möglichst eine etwas längere Verschlusszeit einsetzen, ohne jedoch die Verwacklungsgrenze zu überschreiten. Richtig »fließendes« Wasser lässt sich nur vom Stativ mit recht langer Verschlusszeit fotografieren, wozu eventuell noch ein Graufilter erforderlich ist, das allein eine lange Belichtungszeit erzwingen kann.

Unten rechts: Ein kleiner Trick beschert Ihnen eventuell recht eindrucksvolle Aufnahmen von bewegten Objekten: Verfolgen Sie das Objekt im Sucher durch Mitziehen der Kamera, und lösen Sie mitten im Bewegungsablauf aus, ohne die Bewegung abzubrechen. Mit etwas Glück und Geschick ergibt dann eine sonst viel zu lange Verschlusszeit ein ausreichend scharfes Bild des Objekts gegen einen bildwirksam in streifenförmige Unschärfe aufgelösten Hintergrund. Das Moment der Bewegung kommt perfekt zum Ausdruck.

Schärfe in der Tiefe

Schärfentiefe, wie man sie in der Fachsprache nennt, ist das Reich der Blende. Je größer die Öffnung des Objektivs, um so kleiner wird jener Bereich vor und hinter der eigentlichen Einstellebene, der dem Auge im Bild noch scharf erscheint. Denn jedes optische System kann nur eine einzige Ebene wirklich scharf wiedergeben – jene, auf die Sie eingestellt haben. Davor und dahinter werden punktförmige Objekte zu immer größeren Scheibchen im Bild – sie werden zunehmend unschärfer dargestellt. Allein der Tatsache, dass die Leistungsfähigkeit unseres Auges auch eine Grenze hat, verdanken wir die Wahrnehmung einer gewissen »Schärfentiefe« im Bild. Dabei schmilzt der Schärfenbereich mit kürzeren Einstellentfernungen immer stärker zusammen.

Unten: Das Extrem der geringen Schärfentiefe ergibt sich bei Nahaufnahmen. Hier bleiben nur noch Millimeter übrig. Gestalterisch eingesetzt, kann die Unschärfe die Bildwirkung jedoch durchaus verbessern. Nachdem der Öffnungsdurchmesser – die Größe des »Lochs« im Objektiv – über die Ausdehnung der Schärfentiefe entscheidet, wirkt sich auch die Brennweite aus. Denn zur Erzielung gleicher Lichtstärke brauchen Objektive längerer Brennweite entsprechend größere Öffnungen.

Rechts: Ein Teleobjektiv 200 mm lässt die Schärfe auf kurze Distanz rapide abfallen: Gerade der Kopf des Mädchens wird scharf wiedergegeben. Doch das ist ein gestalterischer Vorteil – die Umgebung wird durch Unschärfe neutralisiert, das Auge des Betrachters »ohne Umschweife« auf das bildwichtige Detail gelenkt.

Unten: Wenn Sie Schärfe von vorn bis hinten suchen, bleibt nur der Griff zum Weitwinkelobjektiv und starke Abblendung. Denn der Umkehrschluss zum Tele lautet: Weitwinkel ergeben durch kleine Linsen- und Blendendurchmesser von Haus aus große Schärfentiefe (bei Aufnahmen von ein und demselben Standort). Blendet man dann noch kräftig ab, um den Öffnungsdurchmesser weiter zu verringern, ergibt sich ein Maximum an Schärfentiefe.

Belichtung ohne Kompromisse

Eine Kamera muss die unterschiedlichsten Beleuchtungsverhältnisse meistern. Ob viel oder wenig Licht, stets soll sie präzise so viel davon auf den Film bringen, dass ein optimales Bild entsteht. Das geht nicht immer gut. Schuld daran ist zunächst die unerlässliche Eichung der Belichtungsmesssysteme auf »Durchschnitt«: Der Kamera wird vorgegeben, dass sie alles, was man ihr vorsetzt, als eine neutralgraue Fläche mit 18% Reflexionsvermögen anzusehen habe. Und so wird sie eine solche Fläche perfekt neutralgrau wiedergeben. Doch in der Praxis ist einmal alles in gleißendes Licht getaucht, ein andermal wieder ist es zappenduster. Sind die Helligkeitsunterschiede im Bild zu groß sind, kann sie auch der Film nicht mehr verarbeiten.

Seite 18 oben: Macht die Kamera bei einer gleißend hellen Schneefläche »Dienst nach Vorschrift«, kommt der Schnee bei einer Integralmessung katergrau, unterbelichtet. Eine Belichtungsverlängerung um etwa $1/2$ Blende bei Diafilm bzw. 1 bis 1 $1/2$ Blende bei Negativfarbfilm schafft meist Abhilfe. Moderne Reflexkameras arbeiten heute überwiegend mit der sogenannten Mehrfeldmessung, bei der automatisch eine Belichtungskorrektur angebracht wird. Damit ist schon viel gewonnen.

Seite 18 unten: In Extremfällen führt eine vermittelnde Belichtung nicht mehr zum Ziel – man muss sich entweder für die helleren oder die dunkleren Bildteile entscheiden. Hier fiel die Entscheidung zugunsten des Hutes. Bei mittenbetonter Messung würden Sie die Belichtung etwas knapper halten, bei Spotmessung auf Hut und Band belichten, bei Mehrfeldmessung gegebenenfalls ein wenig nach Minus korrigieren. Gerade bei der Letzteren sollten Sie die Grenzen in der Praxis abtasten, um ein Gefühl dafür zu entwickeln, wann und wie viel Sie gegebenenfalls nachhelfen müssen.

Rechts: Dieses Motiv ließ sich in dieser Form nur mit Spotmessung auf die rechten Häuser im Hintergrund zufriedenstellend fotografieren. Bei normaler Messung würde das große, dunkle Umfeld zu einer zu langen Belichtung führen. Der bildwichtige Hintergrund würde hoffnungslos überbelichtet. Steht Ihnen keine Spotmessung zur Verfügung, könnten Sie bis kurz vors hintere Ende des Durchgangs gehen, von dort aus messen und entweder diese Einstellung speichern oder aber die Daten ablesen, von Hand einstellen und zum Ausgangspunkt zurückkehren.

Vielgestaltiges Licht

Mit Licht malen

Ganz recht, von Malen ist die Rede. Denn wenn Sie lernen, bewusst zu sehen, können Sie das Licht buchstäblich für sich malen lassen. Früher, als die Objektive noch nicht so hochentwickelt waren wie heute und die Filme auf hochpräziser Belichtung bestanden, hieß die güldene Regel: Das Licht (die Sonne) muss im Rücken stehen! Damit ernten Sie heute nur noch ein müdes Lächeln, wenngleich die Labors durchaus jubeln – ein solches Bild macht ihnen die wenigsten Schwierigkeiten bei der Vergrößerung, denn es weist keine großen Kontraste auf. Warum? Ganz einfach: Wenn die Sonne im Rücken steht, bietet sich die Welt ohne wesentliche Schatten dar. Diese nämlich liegen jeweils hinter den Dingen, bleiben also Ihren und der Kamera Blicken verborgen. Mögen die Farben auch satt kommen, das Bild bleibt flach und flau. Denn gerade jenes Wechselspiel von Licht und Schatten ist es, das den Bildern eine schwere Last nimmt: Es kann über die fehlende dritte Dimension hinwegtäuschen. Ist man bei einer Reflexkamera stolz darauf, dass sie »einäugig« ist, so kostet dies im Bild Plastik. Und das können Sie ganz einfach ausprobieren: Halten Sie ein Auge zu – wo vorher Tiefe war, herrscht nun Chaos.

Seite 20: Seitliches Gegenlicht ist ein fotografischer Leckerbissen. Licht und Schatten im Verein mit ausgeprägten Fluchtlinien schaffen hier eine Tiefe im Bild, die eben jene verlorene dritte Dimension zurückzubringen scheint. Aufpassen müssen Sie lediglich, dass das Objektiv selbst im Schatten bleibt, denn sonst könnte sich ein hässlicher Schleier übers Bild legen (den Sie allerdings im Sucher einer Reflexkamera bemerken).

Wann immer Sie es einrichten können, sollten Sie deshalb Seitenlicht suchen. Die nun sichtbaren Schatten bringen nicht nur Leben ins Bild, sie gaukeln obendrein größere Schärfe vor. Die Aufnahme wird einfach »knackiger«. Fast immer findet sich ein Standort, der das Motiv ins rechte Licht rückt. Sie müssen sich lediglich vor dem Druck auf den Auslöser einen prüfenden Blick auf die Lichtrichtung gönnen. Sobald Sie die Motive auch danach beurteilen, werden Sie einen Quantensprung in der Qualität Ihrer Bilder feststellen.

Rechts: Doch Seitenlicht muss nicht unbedingt von der Seite kommen. Je nach den Eigenheiten des Motivs kann auch die steil stehende Sonne interessante Schatten werfen, die allein erst ein »Bild« aus der Szene machen. Insbesondere in engen Gassen ergibt das streifende Licht der hochstehenden Sonne die reizvollsten Motive.

Wenn man deshalb nach der landläufigen Meinung Aufnahmen im Mittagslicht möglichst meiden sollte – eben weil dann z. B. in der Landschaft ausgeprägte seitliche Schatten fehlen – so gilt für Aufnahmen in engen Gassen das Gegenteil. Hier hat nicht Morgenstund', sondern die Mittagszeit Gold im Mund.

Links: Eine dem Gegenlicht ähnliche Situation schafft die hochstehende Sonne gelegentlich. Tiefe Schatten erzeugen harte Kontraste, die den Film auf eine harte Probe stellen, denn er kann die Gegensätze nur bis zu einer gewissen Grenze verarbeiten. Trotzdem haben derartige Situationen dank der enorm verbesserten Emulsionen moderner Aufnahmematerialien und die Belichtungsgenauigkeit heutiger Kameras ihren Schrecken verloren. Riskieren Sie deshalb auf jeden Fall den Druck auf den Auslöser.

Unten: Durchscheinende Objekte werden vom Gegenlicht zum Leuchten gebracht. Und wie die Aufnahme zeigt, ist selbst Seitenlicht hierzu imstande. Allerdings wird bei einem Motiv wie diesem selektive Belichtungsmessung mit Schwerpunkt auf den hellen Bildteilen erforderlich, weil das große, dunkle Umfeld sonst zu einer zu langen Belichtung führen könnte – die gewissermaßen im Lichtkegel stehende Person käme zu hell. Bevor Sie jedoch korrigieren, empfiehlt sich in jedem Fall zur Sicherheit erst eine Aufnahme mit Mehrfeldmessung.

Seite 22 unten: Die hohe Schule der Fotografie ist direktes Gegenlicht, das alles, was sich ihm entgegenstellt, mit fotogenen Lichtsäumen umzieht. Große, dunkle Flächen geben dem Bild Ruhe. Der hohe Kontrast bringt wiederum bestechende Tiefe ins Bild. Wenn man für die Kamera selbst keinen Schatten finden kann, wird es unter Umständen nötig, das Objektiv vorsichtig mit der linken Hand abzuschatten, was allerdings nur mit einer SLR-Kamera mit Sicherheit möglich ist. Denn man muss dabei sehr genau das Sucherbild beobachten, damit die Hand im Bild nicht sichtbar wird.

Natürlich ist bei einer solchen Notlösung besonders ruhige Kamerahaltung allein mit der rechten Hand wichtig. Normalerweise sollten Sie die Kamera stets sicher mit beiden Händen halten, wobei die linke Hand Kamera und Objektiv von unten stützt und der auslösende rechte Zeigefinger ganz sanft auf dem Auslöser ruht. Erst zur Auslösung verstärkt er den Druck – die Bewegung darf allein aus dem Fingergelenk kommen. Danach verringern Sie den Druck, ohne den Finger jedoch hochzureißen, wie man es so oft beobachten kann.

Glitzernder Schnee

Solange er wirklich »glitzert«, gibt Schnee die schönsten Motive. Ohne Sonne hingegen bleibt er grau, völlig strukturlos und im Bild eigentlich nur als »Nichts« darstellbar. Erwarten Sie deshalb bei trübem Wetter im Schnee keine recht eindrucksvollen Aufnahmen, besondere Stimmungen einmal ausgenommen. Wagt sich jedoch die Sonne heraus, dann beginnen Millionen Kristalle zu funkeln, und die Szene erwacht zu fotografischem Leben. Doch auch wenn endlich genug Licht vorhanden ist, gibt es noch einiges zu bedenken. Allem voran ist es die Lichtrichtung, die für Schneemotive entscheidende Bedeutung gewinnt. Mit Rückenlicht nämlich muss eine gleichmäßige weiße Fläche, wie sie der Schnee nun einmal darstellt, strukturlos bleiben. Erst im rechten Winkel zur Sonne – oder im Gegenlicht – erwacht Schnee zum Leben.

Unten: Seitliches Gegenlicht bringt Struktur in den Schnee. Buckel, Vertiefungen, Fußstapfen, jede Unebenheit beginnt sich plastisch abzuheben. Schatten – wenn sie obendrein diagonal verlaufen – verstärken die Plastik. Ein Polfilter verstärkt gegebenenfalls das Himmelsblau und lässt weiße Wolken besser hervortreten. Gleichzeitig wischt es die Spiegelung des Himmelsblau im Schnee weg. Diese können Sie alternativ durch ein UV-Sperrfilter, eventuell auch ein Skylight-Filter dämpfen. Bei Letzterem kann jedoch im Schnee bereits ein leichter Rotstich sichtbar werden.

Oben links: Unzählige Schneekristalle beginnen im Gegenlicht zu funkeln. Stellen Sie sich dieselbe Szene im Rückenlicht vor: Kontrastlos, kraftlos. Deshalb sollten Sie im Schnee ganz gezielt Motive im Seiten- oder Gegenlicht suchen. Die zauberhaftesten Schneestimmungen ergeben sich früh am Morgen, noch bevor die Sonne den Raureif weggeleckt hat.

Oben Mitte und rechts: So reizvoll ein Baum im Raureif aussehen mag, ein Blick aus der Nähe wirkt meist ungleich eindrucksvoller. Übersehen Sie deshalb die vielen Motive im Nahbereich nicht. Nutzen Sie in der Landschaft verschneite Gräser und Spuren im Schnee als Vordergrund. Je näher Sie herangehen, um so aussagestärker fallen Ihre Aufnahmen aus. Am stärksten wirken Details in Großaufnahme.

Oben: Bei mittenbetonter Messung müssen Sie je nach Lichtfülle im Motiv etwa eine halbe Blende (bei Diafilm) bzw. 1 1/2 Blende (bei Negativfilm) zugeben, um das Vergrauen des Schnees zu verhindern. Wie Ihre Kamera bei Mehrfeldmessung reagiert, müssen Sie ausprobieren. Selbst bei dieser ist jedoch eine Zugabe meist angebracht.

Oben: Versuchen Sie, Trampelpfade, Fußspuren oder Schatten im Schnee als Diagonalen einzusetzen, um die Plastik der Aufnahme zu erhöhen. Fluchtlinien dieser Art sind allein eine Folge des Aufnahmestandorts, der seitlichen Aufstellung. Mit anderen Worten, sie lassen sich fast überall herbeiführen.

Schattenspielereien

Eine Vielzahl von Motiven fällt Ihnen als fotografische Bereicherung buchstäblich in den Schoß, wenn Sie nur lernen, sie überhaupt wahrzunehmen. Bei Sonnenschein finden sie sich überall, die malerischen Schatten, wie sie über lichtgetränkte Hintergründe huschen und ständig wechselnde Muster zeichnen.

Unten: Ein Motiv, im Vorübergehen mitgenommen. Nein, eigentlich »im Sitzen«, bei einer Kaffeepause gesehen und mit einem Zoomobjektiv entsprechend ins Bild gerückt. »Fauler« lässt sich wohl kaum fotografieren. Was wieder einmal die These bestätigt, dass es allem voran auf das Sehen ankommt.

Rechts: Strohhüte und ihre Schatten an der Wand. Übrig bleibt eigentlich nur die Wahl des Ausschnitts. Die Belichtung ist unkritisch, denn die Schatten wirken meist sowieso nur als Silhouette, dürfen also ruhig schwarz werden. Und wenn ein heller Hintergrund etwas dunkler kommt, so ist auch das kein Beinbruch.

Spiegelungen

Zuweilen lohnt es sich, die Kamera bewusst etwas nach unten zu neigen, weil ein Spiegelbild im Wasser mehr aus dem Motiv macht als wenn man es normal fotografieren würde.

Unten: Hier ist es das Zerrbild der Wirklichkeit in der ausgedehnten Wasserfläche, das der Aufnahme eine besondere Stimmung verleiht. Die Spiegelung bringt eine gewisse Verträumtheit ein und trägt damit entscheidend zum Gesamteindruck bei. Mit einer AF-Reflexkamera werden Sie in einer solchen Situation auf eine der Personen fokussieren, die Schärfe speichern und blitzschnell auf den endgültigen Ausschnitt schwenken.

Rechts: Oft ist die Spiegelung selbst fotografisch interessanter als das Original. Deshalb genügt hier die Andeutung der eigentlichen Mühle. In anderen Fällen werden Sie sich ausschließlich für die Spiegelung entscheiden und die »Realität« völlig aus dem Bild verbannen. Doch Vorsicht bei Aufnahmen mit einer Kompaktkamera mit aktivem AF-System! In diesem Fall müssen Sie auf Unendlich-Einstellung schalten.

Wenn der Tag zur Neige geht

... wird es noch einmal hochinteressant. Mit kurzer Brennweite fangen Sie großflächige Himmelsstimmungen ein, können einen dominanten Vordergrund gezielt einer solchen Stimmung gegenüberstellen. Mit längerer Brennweite erfassen Sie die Sonnenscheibe zunehmend größer, wobei eine interessante Großabbildung aber nach mindestens 200 mm – möglichst mehr – verlangt.

Unten: Ein Elektronenblitz sorgte für ganz zarte Aufhellung der Person und des Bugs des Bootes. Die Lichtverhältnisse und eine relativ lange Synchronzeit (1/90 s) erzwangen eine sehr kleine Blende, so dass die Wirkung des Aufhellblitzes drastisch gedrosselt wurde. Doch dies kommt der Aufnahme eher zugute. Ein wesentlich hellerer Vordergrund würde sie unglaubwürdig machen, eine zweite Lichtrichtung schaffen. Bei Sonnenuntergängen schalten Sie am besten auf mittenbetonte Messung – und lassen die Automatik walten. Eine gewisse Unterbelichtung ist hier nur erwünscht, denn sie verstärkt die Stimmung. Alles, was sich der Sonne entgegenstellt, soll als Silhouette kommen. Bei Mehrfeldmessung besteht die Gefahr, dass die Kamera versucht, jene helle Lichtquelle da hinten zu ignorieren – und schon hellt sie den Vordergrund auf; die Farbstimmung geht verloren, die Sonne wird zum großen, hellen Fleck.

Rechts: Fokussieren Sie auf den Vordergrund! Unscharfe Wiedergabe des Bootes würde diese Aufnahme zunichte machen. Bei der Sonne spielt die Unschärfe keine Rolle.

Unten: Auch hier gilt die Regel, dass bei Sonnenuntergängen – Silhouetten – der Vordergrund scharf sein muss, der natürlich bei einer Tele-Aufnahme in Wirklichkeit schon der Mittelgrund ist.
Ein sogenanntes »optisches Dreieck« leitet das Auge ins Bild: von der vordersten Person des größeren Bootes über das Segelboot zur Sonne.

AVAILABLE LIGHT – AM RANDE DES LICHTS

Die schönsten Fotostunden des Tages sind jene vor Sonnenuntergang. Je tiefer die Sonne sinkt, um so stärker vergoldet ihr Licht die Welt. Und mit modernen Filmen mit ISO 400/27°, zum Beispiel, sind Sie draußen und drinnen noch lange »im Geschäft«.

Oben: Das letzte Glühen des Tages. Brennende Lampen bringen bereits unmissverständlich zum Ausdruck, dass dieser Tag zur Neige geht. Und genau jetzt müssen Ihre Dämmerungsaufnahmen einsetzen, denn eine Regel sollten Sie sich gut merken: Ihre Bilder wirken jeweils um eine Stufe »dunkler«. Somit machen Sie Dämmerungsaufnahmen kurz vor dem Einsetzen der Dämmerung und Nachtaufnahmen vorzugsweise in der Dämmerungsphase. Dann erhält die Resthelligkeit des Himmels die Konturen, zum Beispiel von Gebäuden, und sorgt für einigermaßen durchzeichnete Schattenpartien. Kunstlicht setzt den Akzent »Nacht!«. Wenn Sie warten, bis die Nacht voll hereingebrochen ist, dann sind Sie auf reine Kunstlichtquellen angewiesen – die Umgebung wird zum schwarzen Loch. Und so eignen sich dann nur noch gut beleuchtete Ausschnitte.

Links: Der freundliche ältere Herr im Ballon schwebte mir von der Decke des MGM-Casinos in Las Vegas entgegen und war als Motiv einfach unwiderstehlich. Ein Weitwinkelobjektiv 1:2,8/20 mm und Farbumkehrfilm mit ISO 400/27° meisterten die Situation. Die Nikon Matrixmessung hatte keine Probleme mit der Belichtung.

Unten und rechts: Auch diese beiden Bilder entstanden auf Diafilm mit ISO 400/21°, und sie zeigen, dass sich auch bei recht schwachem Licht noch gut fotografieren lässt. Wenn Ihnen für solche Zwecke keine Lichtstärke von – sagen wir – 1:2,8 zur Verfügung steht, dann müssten Sie zu Film mit noch höherer Empfindlichkeit greifen, was sich allerdings nur lohnt, wenn Sie einen ganzen Film mit Aufnahmen dieser Art füllen können. Die Nase vorn haben hier die Digitalfotografen, denn etwas anspruchsvollere Digitalkameras gestatten die bequeme Empfindlichkeitswahl, meist von ISO/21° bis ISO 400/27°, unter Umständen sogar bis ISO 800/30° oder höher. Ganz so leicht ist das Leben des auf Film Fotografierenden leider nicht, und engagierte »alte Hasen« helfen sich durch Mitnahme zweier Kameragehäuse, die mit Film unterschiedlicher Empfindlichkeit geladen sind.

Normale Farbfilme sind auf Tageslicht abgestimmt. Kunstlicht geben sie rötlicher wieder, doch auch das ist kein Beinbruch. Wir assoziieren diesen Farbcharakter ganz selbstverständlich mit Kunstlicht, so dass der objektive Farbstich die Stimmung der Aufnahmen eher noch verstärkt.

Das gestaltete Bild

Vernünftige Formateinteilung

Es ist ganz eigenartig: Sobald Sie einmal den Wunsch verspüren, selbst mit aufs Bild zu kommen und einem beliebigen Fremden schnell die Kamera in die Hand drücken, finden Sie später jene berüchtigte Formateinteilung wieder: Die Köpfe haarscharf im Schnittpunkt der Bilddiagonalen, das heißt, präzise in der Bildmitte. Darüber jede Menge »Luft«, rechts und links gewöhnlich ebenso. Gut die Hälfte des Formats zeigt Dinge, die gar nicht »dazugehören«, die lediglich die Aufmerksamkeit des Betrachters ablenken und die Bedeutung des eigentlichen Motivs im gleichen Maße schmälern. Das, worum es eigentlich geht, wird »mittendrin« abgeschnitten, viel kleiner abgebildet, als es sein müsste. Zudem wird der Bildeindruck gestört – die Harmonie ist dahin.
Vermutlich ist es das Bestreben des Fotografierenden, den Mittelpunkt des Interesses auch wirklich in die Mitte des Bildes zu rücken, das zu dieser ungünstigen Formateinteilung führt. Dabei genügt eine winzig kleine Ausschnittänderung, um der Aufnahme eine völlig andere Wirkung zu verleihen.

Rechts: Auch bei Hochaufnahmen sollten Sie sich um straffe Formateinteilung bemühen. Das Bild entstand mit Brennweite 135 mm, die sich hervorragend für Porträts dieser Art eignet, denn sie schafft sowohl Abstand zum Modell als auch – durch Unschärfe – zum Hintergrund. Ein feindosierter Aufhellblitz brachte Spitzlichter in die Augen und zusätzliche Zeichnung in die Schatten. So unterstreicht die Aufnahme gleichzeitig, wie segensreich ein wohldosierter Aufhellblitz sein kann in Situationen, in denen man früher nie an Blitzeinsatz gedacht hätte.

Seite 32: Diese Aufnahme mag als Beispiel dafür dienen, wo Sie die Köpfe Ihrer Lieben im Bild wiederfinden sollten: So weit oben, dass darüber gerade noch genügend Abstand zum Bildrand verbleibt. Hätte ich diese beiden Teilnehmer an einer ladakhischen »Schulspeisung« genau in die Bildmitte gerückt, wären ihre Reisschalen bereits stark angeschnitten oder aus dem Bild verbannt worden. Gerade diese jedoch gehören zur Situationsschilderung. Und über den Köpfen gehört ja wirklich nichts mehr zum Motiv, oder?

Links: Auch in der Landschaft tun Sie gut daran, sich am Prinzip der Alten Meister zu orientieren, die sehr gut wussten, wo der Schwerpunkt eines Bildes liegen sollte: in einem Bilddrittel nämlich. Und so gilt auch für die Fotografie die Regel vom Goldenen Schnitt, die wir vereinfachend einfach als Bilddrittelung bezeichnen wollen.

Wenn Sie sich das Prinzip einmal verdeutlichen wollen, ziehen Sie einfach zwei horizontale und zwei vertikale Linien übers Format, jeweils in einem Drittel der Formatseiten. So erhalten Sie vier Schnittpunkte, und diese sind die Bildschwerpunkte. Hier also sollte der Blickfang vorzugsweise angeordnet sein.

In der nebenstehenden Aufnahme wandert das Auge automatisch über das weite Feld blühender Sonnenblumen und kommt auf dem malerischen Bauernhaus und dem dominierenden Baum zur Ruhe. Am Vordergrund ermisst es die Weite und glaubt, selbst im zweidimensionalen Bild Tiefe zu erkennen. Waren die Lichtverhältnisse hier auch nicht ideal, denn die Sonne stand im Zenit, so entsteht durch die harmonische Formateinteilung trotzdem ein ansprechender Bildeindruck.

Die Bilddrittelung kann gar nicht überbewertet werden, denn sie schafft automatisch Harmonie, Ruhe im Bild. Wir nehmen diese Ruhe nur unterbewusst wahr, und genau dies ist der Grund, warum der Hobbyfotograf meist wenig oder kaum darauf achtet. Wieder verschafft Ihnen jedoch allein die Kenntnis um die Dinge einen entscheidenden Vorteil: Eine winzige Kamerabewegung wertet Ihre Aufnahmen ohne jeden Mehraufwand sichtbar auf.

Unten: Auch die untenstehende Aufnahme beschränkt sich auf einen engen Bildausschnitt, wie er sich mit einer langen Brennweite – einem Teleobjektiv – erzielen ließ. Der dunkle Hintergrund schafft einen wohltuenden Kontrast zum großen roten Farbklecks des Vogels. Dessen Anordnung im linken Bilddrittel lässt ihm »Raum zum Atmen« in Blickrichtung – ein Detail, auf das Sie generell achten sollten. Stets muss in Blickrichtung genügend Raum verbleiben. Eine unmittelbar auf den Bildrand schauende Person, zum Beispiel, würde äußerst unharmonisch wirken.

Bei den vielen Erinnerungsaufnahmen, in denen eine Person zu einer Landschaft oder einer anderen Kulisse in Beziehung gesetzt werden soll, ergibt sich eine ganz ähnliche Situation. Auch in diesem Fall werden Sie die Person nicht in die Bildmitte stellen, sondern weiter an den Bildrand rücken. Und es versteht sich, dass sie ins Bild hinein- und nicht herausschauen wird. So ergibt sich einmal eine harmonische Aufteilung der einzelnen Bildteile, zum anderen wird die Kulisse nicht durch die Person gestört.

Weniger ist mehr

Wenn Sie den Leuten einmal beim Fotografieren zuschauen, werden Sie feststellen, dass überwiegend Totalen verewigt werden – Übersichten also, die möglichst viele Details in das Bildformat hineinpressen. Sicher haben Totalen ihre Berechtigung – solange sie zur Einstimmung dienen, zur »Ortsbeschreibung«. Danach jedoch werden sie in ihrer Monotonie schnell langweilig. Dabei ist Abhilfe gar nicht schwer: Gehen Sie ran ans Motiv!

Links oben: Brechen Sie mit der Monotonie, gönnen Sie der Kamera einen Blick aus der Nähe – wobei der effektive Aufnahmeabstand noch immer sehr unterschiedlich sein kann. Wie bei einem Film, der seine Geschichte auch in einzelnen Szenen erzählt, suchen Sie sich einige gerade günstig im Licht liegende Höhepunkte und rücken diese bildwirksam im Format zurecht. Dabei haben Sie größte Freiheit im Spiel mit dem Ausschnitt und können Ihren fotografischen Blick in der Praxis schärfen. Die nebenstehende Aufnahme zeigt den ganz simplen Blick durch ein Schaufenster. Streifendes Licht arbeitete das Relief plastisch heraus und schuf so für kurze Zeit ein zauberhaftes Motiv. Derartige kleine Vignetten können Ihre Ausbeute ungemein bereichern, denn eine Nahaufnahme wirkt stets doppelt eindrucksvoll: Objektiv und Film brauchen nur weniger Details aufzulösen, das Bild wirkt schärfer. Das Größenverhältnis ist günstiger als bei einer Übersicht. Denn ein Bild in Albumgröße kann nur ein klitzekleiner Abklatsch der Wirklichkeit sein. Je kleiner die darin dargestellten Details, um so weniger wird sie unser Auge als »echt« akzeptieren.

Links: Ein verträumter Blick auf ein wenig Mode. Wo ich ihn fand? Sie kommen nie drauf: in Disneyland. Sicher, das Motiv ist nicht repräsentativ für diesen Vergnügungsrummel, doch es zeigt, wie sich fast überall eine Oase der Ruhe finden lässt, die dem Auge eine Verschnaufpause gönnt. Die Sonne spielte so anmutig mit den Konturen der Hüte, dass die Aufnahme wiederum nur ein Spiel mit Standort und Ausschnitt wurde.

Rechts: Diese Szene forderte geradezu heraus zu einer Nahaufnahme, die sich allein auf das Spiel von Licht und Schatten, den farbenfrohen Hintergrund und die Diagonale des Sonnenschirms konzentrierte. Dabei war das Motiv in dieser Form sehr kurzlebig, denn mit der wandernden Sonne veränderten sich Licht- und Schattenpartien unaufhaltsam. So sind die meisten Aufnahmen Produkte des Zufalls, des Augenblicks. Schon kurze Zeit später gibt es das Motiv nicht mehr – alles ist grau und trist.

Unten: Je näher Sie an ein Objekt herangehen, um so stärker schmilzt die Schärfentiefe zusammen. Selbst eine relativ kleine Arbeitsblende kann daran nicht mehr viel ändern. Doch alles hat seine zwei Seiten: Bei Nahaufnahmen lässt sich aus der Not eine Tugend machen. Der schnelle Schärfenabfall zum Hintergrund taucht diesen in flaumige Unschärfe. Und das kommt dem Hauptmotiv zugute. Es hebt sich plastisch ab, steht »in ganzer Schönheit« vor einem völlig neutralen Hintergrund. Genau dies ist das Rezept für Aufnahmen, die durch ihre Plastik beeindrucken.

Saubere Linientrennung

Mögen Sie Salat? Womit ich allerdings weniger an Essig und Öl denke, als an das, was man in der Fotografie schlechthin als solchen bezeichnet: ein heilloses Durcheinander der Details im Bild, ein unvorstellbares Zusammenlaufen der Linien. Schuld daran, dass in so vielen Bildern »Salat« entsteht, ist im wesentlichen nur unser stereoskopisches Sehen, die Fähigkeit, aus zwei getrennten Bildern im Gehirn ein plastisches, dreidimensionales Abbild der Umwelt zu erzeugen. Denn eine Kamera ist nun einmal – mit ganz wenigen Ausnahmen – einäugig, und wenn ich an Kleinbild-Spiegelreflexkameras denke, so erfüllt es uns sogar mit Stolz, wenn es eine »Einäugige« ist. Denn dann geht der Blick direkt durchs Aufnahmeobjektiv, und der Sucher bietet optimale Voraussetzungen für eine überlegte Bildgestaltung. Folglich kann man es der Kamera auch nicht verübeln, dass sie die Welt ein wenig anders sieht als wir – flach nämlich, in nur zwei Dimensionen.

Unten: Und dies ist die Gebrauchsanweisung: Die schneebedeckten Gräser im Vordergrund sind fein säuberlich durch »Luft« vom linken Pfahl getrennt, der mittlere Halm schwebt über dem Steg. Eine winzige Verschiebung der Kamera nach links oder rechts ließe einen der beiden Halme in den Pfahl hineinlaufen – die Trennung der Entfernungsebenen wäre aufgehoben, es entstünde »Salat«. Ein aufmerksamer Blick in den Sucher (einer Reflexkamera) kann dies verhindern.

Links Mitte und rechts außen: Kennen Sie die Situation? Ach, wie schön! Aufbauen, anvisieren – und drauf auf den Auslöser! Doch welchen Unterschied kann allein ein winziger Schritt nach rechts ausmachen? Schauen Sie sich die beiden Aufnahmen an! Links der gedankenlos fotografierte »Normalfall«. Dass Lampe und Turm nicht getrennt sind und deshalb die Tiefenwirkung beeinträchtigen, bemerkt man vielleicht gerade mal am fertigen Bild – wenn überhaupt. Man wundert sich lediglich, dass die Bilder nicht so »knackig« sind wie die der Profis oder dass der Bildeindruck so stark von der Erinnerung, dem Augeneindruck, abweicht.
Rechts die Aufnahme des überlegt Fotografierenden, der sehr wohl weiß, dass ein Ineinanderlaufen verschiedener Entfernungsebenen zum »Bild-Gau« führt: Chaos. Dabei ist es doch so einfach: Schauen Sie sich die Szene im Sucher aufmerksam an – die gesamte Szene in all ihren Details, und nicht nur, ob »alles drauf« ist! Und dann bugsieren Sie ganz einfach »Luft« zwischen diese Entfernungsebenen – fertig.

Rechts: Beachten Sie, wie sauber das Bootshaus oben und unten in die wichtigen, Tiefe vermittelnden Zweige eingepasst ist. Rechts ist eine Trennung durch den Kontrast zwischen schneebedecktem Zweig und dunklem Bootshaus gegeben. Auch die Zweige im unteren Teil des Bildes sind optimal freigestellt. Würden sie zum Beispiel unten in den weißen Uferrand hineinlaufen, ginge die Plastik sofort verloren. So jedoch »schwebt« der Zweig im vermeintlichen Raum – die dritte Dimension wird simuliert. Sie sehen, es ist gar nicht so schwer. Schon ein wenig Aufmerksamkeit bei der Aufnahme genügt, Ihre Bilder enorm aufzuwerten. Was die meisten Hobbyfotografen von besseren Ergebnissen trennt, ist lediglich der fehlende Anstoß, die Information, warum ihre Aufnahmen oft so gar nicht dem Augeneindruck entsprechen. Und genau dafür haben Sie schließlich dieses Buch gekauft.

Plastischer Vordergrund

Vorwiegend in der Landschaft – bei Aufnahmen auf zumindest mittlere Distanz bis hin zur Ferne – steht die Fotografie vor einem großen Problem: Das (im Endeffekt meist immer noch recht kleine) Bild muss unzählig viele Details aufnehmen, die mit zunehmender Entfernung immer winziger werden. Wenn Sie sich folglich – übermannt vom herrlichen Panorama in all seiner Plastik – in voller Größe irgendwo aufbauen und kritiklos auf den Auslöser drücken, brauchen Sie sich nicht zu wundern, dass Ihre Bilder nie auch nur annähernd an das herankommen, was Sie in Erinnerung haben, was Sie festhalten wollten. Mit anderen Worten, Sie schlagen sich selbst ein Schnippchen, geben Geld für etwas aus, das Sie letzten Endes doch nicht zufrieden stellt. Und das ist schade.
Es geht nämlich auch anders, und zwar viel einfacher, als Sie vielleicht glauben. Wieder sind es nur wenige Fakten, deren Sie sich bewusst werden müssen. Eine Menge haben Sie schon dazugelernt. Inzwischen achten Sie auf die Lichtrichtung und versuchen, Entfernungsebenen durch Linientrennung herauszuarbeiten. Auf diesen Seiten erfahren Sie, wie wichtig der Vordergrund für die Plastik im Bild ist.

Unten rechts: Bei dieser chinesischen Idylle halfen mir nicht nur das Spruchband und die für unsere Augen malerischen Lampions, sondern sehr nahe Zweige, die den Eindruck der Tiefe zusätzlich verstärken. Allerdings müssen Sie in einem solchen Fall Autofokus abschalten, denn die Kamera würde mit ziemlicher Sicherheit auf den nahen Vordergrund fokussieren. Bei manueller Fokussierung hingegen ist es nicht schwierig, die Schärfe genau auf die gewünschte Ebene zu legen.

Seite 40: Haben Sie nicht unwillkürlich das Gefühl, Sie würden wie durch ein Fenster in die Ferne blicken? Und das, obwohl Sie nach wie vor nur eine flächige Abbildung vor sich haben, die gar keine räumliche Ausdehnung besitzen kann.

Wodurch dieser zwingende Tiefeneindruck entsteht, lässt sich unschwer analysieren. Der »Durchblick« ergibt sich aus dem angedeuteten Brückenbogen, der einen Rahmen für den Blick in die Ferne liefert. Die beiden Pfosten im direkten Vordergrund geben dem Auge "Halt", dienen ihm als Maßstab, an dem es die Entfernung misst. Der Gegensatz zwischen dem vorderen Pfosten und jenen im Hintergrund sagt uns, wie weit die Letzteren entfernt sein müssen. Und so denken wir buchstäblich Tiefe hinein ins Bild. Auge und Gehirn lassen sich täuschen, kaufen die simulierte Plastik als echt ab.

Ein kinderleichter Trick, und doch kann er den Unterschied ausmachen zwischen Knipsbildern am laufenden Meter und echten »Fotos«, die ein weitaus überzeugenderes Abbild der Natur vermitteln. Ein Grund , sich diese Regel einzuprägen.

Links: Gegenlicht schafft eine klare Bildeinteilung. Der Zaun wirkt als unerlässlicher Vordergrund, seine Fortsetzung nach oben führt in einer bildwirksamen Diagonale auf das Objekt in die Ferne. Und wodurch entsteht diese Diagonale? Allein durch die Wahl des Aufnahmestandorts. Wenige Schritte nach links ließen die Diagonale zur Geraden werden – der Vorteil wäre verspielt.

Einen solchen geeigneten Vordergrund gäbe es aber nun wirklich nicht überall, meinen Sie? Nun ja, in Grenzen schon. Ein Schatten, zum Beispiel, kann ebenso zum bildwirksamen Vordergrund werden wie einige Blätter im »Luftraum« vor dem eigentlichen Motiv.

Oben links: Sie möchten die endlose Weite jenes sagenhaft breiten, menschenleeren Strandes einer tropischen Insel festhalten (sonst glaubt's Ihnen ja doch keiner). Also wählen Sie eine kurze Brennweite – sagen wir 28 mm. Und dann gehen Sie auf die Suche nach einem geeigneten Vordergrund. Der Bug eines kleines Segelbootes tut Ihnen den Gefallen, den linken Teil des ansonsten trostlos leeren Bildes zu füllen und gleichzeitig den ersehnten Kontrast zwischen Nah und Fern zu schaffen.

Links: Erst die philippinische Reisbäuerin unter dem wie schützend über sie geschwungenen Blatt einer Bananenstaude gibt dieser Szene den Rahmen, ohne den sie flach wirken würde. Ein solcher Vordergrund ist in derlei Situationen fast immer vorhanden – man muss ihn nur bewusst einsetzen. Hätte ich mit allen Tricks keinen brauchbaren Vordergrund gefunden, ich hätte lieber auf eine Aufnahme verzichtet. Gerade in der Landschaft wird ein bildwirksamer Vordergrund fast unverzichtbar. Worum es sich dabei handelt, spielt kaum eine Rolle. Ein Baum, ein Ast, Blätter, ein Zaun oder auch nur ein Schatten – fast alles kann diese Aufgabe übernehmen. Und wenn es überhaupt keinen Vordergrund zu geben scheint, genügt oft eine tiefe Kniebeuge oder eine Verlegung des Aufnahmestandorts.

Rechts: Mit langer Brennweite holt sich das Zoomobjektiv eine Szene über das in Holland so allgegenwärtige Wasser hinweg. Den wirklichen »Zauber« dieser Aufnahme machen die grünen Farbtupfer im Vordergrund aus, geschaffen durch einige sehr nahe Blätter, die dank der langen Brennweite bereits im extremen Unschärfenbereich liegen. Fokussierung war hier noch mit Automatik möglich, und zwar als Ersatzmessung, mit Schärfenspeicherung auf die Person. Danach mit angetipptem Auslöser kurzer Schwenk auf den endgültigen Ausschnitt – und schon ist das Bild im Kasten.
Wann immer hier von »längerer Brennweite« die Rede ist, so bezieht sich dies übrigens auf den Bereich eines Telezooms von 80 – 200 mm. In der Praxis ist heute eine genaue Angabe der Aufnahmebrennweite kaum mehr möglich, denn dank der stufenlosen Einstellung wählt man einfach den geeigneten Ausschnitt – fertig. Gerade in der Digitalfotografie haben Sie bessere Karten, denn dort wird meist die (allerdings auf Kleinbild umzurechnende) Aufnahmebrennweite mit aufgezeichnet.

Rechts: Die Elefantenszene im Zoo wäre – wiederum mit längerer Brennweite zur formatfüllenden Abbildung – auch ohne einen direkten Vordergrund brauchbar gewesen, doch erst das Blattwerk in unmittelbarer Nähe gibt ihr einen besonderen Schmelz. Autofokus ist natürlich bei derartigen Motiven mit Vorsicht zu genießen. Die großen Messfelder moderner Kameras erfassen mit ziemlicher Sicherheit auch den nahen Vordergrund und verleiten die Kamera zur Fokussierung auf diesen. Fazit: Das eigentliche Motiv wird unscharf. Zum Ziel führt deshalb nur entweder die gezielte Fokussierung allein mit dem zentralen Messfeld (hier auf den Baum) oder aber die Abschaltung von AF und manuelle Scharfeinstellung. Belohnt werden Sie für die kleine Mühe mit Bildern, die sich wohltuend vom Althergebrachten absetzen.

Auf den Standort kommt's an

Wenn Sie wollen, ist auch die Fotografie ausgesprochene »Standpunktsache«. Denn wie sieht die Praxis aus? »Man« oder »frau« nimmt die Kamera ans Auge, bugsiert das Motiv irgendwie in den Sucher – und drückt drauf. Was dabei alles passieren kann, wurde in einigen Kapiteln schon untersucht. Aber es kommt noch etwas hinzu.

Wer sich nur wenig mit Fotografie beschäftigt, ahnt gar nicht, wie wichtig der Aufnahmestandort, der Blickwinkel, ist.

Links und rechts: Der normale Hobbyfotograf wird sich (links) in voller Größe aufbauen und auslösen. Unweigerlich kommen dabei auch die Berge im Hintergrund mit aufs Bild – und sie lenken vom Motiv ab. Gehen Sie hingegen in die Hocke und füllen das Format mit der diagonal verlaufenden Seite des Wagens, ist der störende Hintergrund verbannt. Es wirkt allein das eigentliche Motiv. Die Bildwirkung wurde entscheidend verbessert.

Links und rechts: Ein ladakhischer Stupa in etwa normaler Sicht – schön vielleicht, aber auch nicht aufregend. Also machen Sie sich die Mühe, die »Beute« ein wenig zu umkreisen und neue Blickwinkel zu finden, die zur Steigerung der Bildwirkung beitragen können. Das Ergebnis ist die rechte Aufnahme, die mit entsprechend kurzer Brennweite aus direkter Nähe entstand. Einer der im linken Bild unten links sichtbaren »Absätze« gestattete den Blick aus der echten Froschperspektive. Die Steine werden zum bildwirksamen Vordergrund, das eigentliche Motiv wird freigestellt.

Rechts: Lassen Sie uns das Spiel auf die Spitze treiben und steil nach oben fotografieren – natürlich mit einem Weitwinkelobjektiv. So werden die japanischen Lampions zu einem Motiv, das den Blick fesselt. Die starke Übertreibung der Größenverhältnisse führt zu einer Betonung der Tiefe, suggeriert dem Auge Raum. Erneut haben Sie das flächige Bild überlistet und allein durch den etwas ausgefallenen Bildwinkel eine Dynamik erzeugt, die den Betrachter in den Bann zieht.

So können neue, ungewohnte Blickwinkel entscheidend dazu beitragen, den Bildern zusätzlichen Pfiff zu geben und sie auch damit aus der zweidimensionalen Sterilität herauszuheben. Leider kommt es dem mit der Kamera bewaffneten Nichtfotografen gar nicht in den Sinn, sich zur Aufnahme einmal nicht in voller Größe aufzubauen.

Das hat zwei Folgen: Zum einen ergibt sich bei allen Aufnahmen ein und dieselbe Perspektive (höhenbezogen natürlich). Sicher, wir erleben die Welt aus eben dieser Höhe. Doch statische Fotos – winzige Ausschnitte, Momentaufnahmen aus dieser Welt – und der ständig vor uns ablaufende Film des Lebens sind zwei recht verschiedene Dinge.

Und so wirken Bilder, die nur aus normaler Augenhöhe aufgenommen wurden, auf die Dauer ausgesprochen langweilig. Grund genug, für Abwechslung zu sorgen und die Dinge einmal aus einer anderen, ungewohnten Sicht anzugehen.

Unten: Auch diese Aufnahme macht sich örtliche Gegebenheiten zunutze. Stufen nämlich sind eine ideale Gelegenheit, ein Motiv »aus der Tiefe« anzugehen. So ließ sich der Felsendom in Jerusalem zu etwas friedlicherer Zeit vorteilhaft einrahmen. Und wieder bestätigt sich die These, dass es beileibe nicht immer das Ganze sein muss, das Sie im Bild verewigen. Die Treppen und Bogen dienen als Vorder- und Mittelgrund; die ausgeprägte Tiefenstaffelung lässt das Auge »in die Ferne schweifen«. Mit ausschlaggebend für die Bildwirkung sind das Seitenlicht und die dadurch entstehenden Schatten, die eine ansonsten relativ tote Mauerfläche beleben und auch die Bogen plastisch modellieren.

Oben: Das direkte Gegenteil: die Vogelperspektive. Der steile Schuss von oben lebt von den ausgeprägten Schatten – hauptsächlich der Personen, doch auch des Gebäudes. Natürlich ist auch die Formataufteilung nicht unbeteiligt, die eine Reihe von Diagonalen ins Spiel bringt. Ein hoher Aufnahmestandort eignet sich meist nur für die Suche nach bildwirksamen Ausschnitten – und hierfür brauchen Sie überwiegend längere Brennweiten – oder das Spiel mit Licht und Schatten, vielleicht auch mit grafischen Mustern.

Unten: Wolkenkratzer ließen sich nicht fotografieren? Im Gegenteil, sie können besonders dynamische Fotos abgeben. Und hier ist das Rezept: Gehen Sie möglichst nah ran und fotografieren Sie mit möglichst kurzer Brennweite – hier waren es 20 mm – steil nach oben! Die so entstehenden, starken Fluchtlinien wirken ungemein dynamisch. Jede »Gesamtansicht« desselben Gebäudes (wenn sie denn unter den örtlichen Gegebenheiten überhaupt möglich wäre) müsste dagegen verblassen. Glück war es natürlich, dass mir bei dieser Aufnahme beleuchtete Bogen einen idealen Vordergrund schufen, der durch den verwendeten Tageslicht-Diafilm überdies rötliche Akzente setzte.

Doch selbst wenn es derlei Strukturen in der Nähe Ihres Motivs gibt, müssen Sie sie zunächst einmal bewusst sehen und dann entsprechend wirksam ins Bild rücken. Denn auch dies ist wiederum Standortsache. Gerade das bewusste Sehen ist es, das die meisten nicht als selbstverständlich mitbringen.

Im gleichen Maße, wie der steile Blick nach oben Dynamik ins Bild bringt, wirkt der Schuss von oben nach unten »verniedlichend«. Das fängt schon bei hochgewachsenen Personen an. Fotografieren diese aus Augenhöhe, wird das Bild für eine kleinere Person bereits zur Vogelschau – wer immer das Gardemaß nicht erreicht, kennt jenen Blick »aus kühner Höh'« nicht. Er mutet befremdlich an. Denken Sie daran, und suchen Sie bewusst neue – meist tiefe – Blickwinkel! Insbesondere für Personenaufnahmen gilt die eherne Regel: Möglichst nicht über Augenhöhe des Modells, sofern keine besondere Absicht dahintersteht.

BILDBESTIMMENDE DIAGONALEN

Kaum ein zweites Gestaltungselement der Fotografie kann so überzeugend Tiefe suggerieren.

Links: Sie stellen die kürzeste Brennweite ein, die Ihre Kamera zulässt (oder setzen das stärkste Weitwinkelobjektiv in Ihrer Ausrüstung ein) und machen sich ans Werk. Denn nur, wenn Sie diesen Vordergrund überdimensional ins Bild rücken, steil angehen und damit starke Fluchtlinien – Diagonalen – schaffen, wird er seine volle Wirkung entfalten. Sorgfältig fokussieren Sie auf etwa die Mitte der Fläche des Vordergrunds – das »N« von »DIONIS« –, und schon ist das Bild im Kasten.

Seite 49: Im tiefen Süden der Philippinen, in Sitangkai, kurz vor der Tür zu Borneo. Alles ringsum ist grau. Der Ort steht auf Stelzen, die Menschen fahren in Einbäumen. Und dann sehen Sie eine der »Anlegestellen« mit ihren schön aufgefächerten Booten – eine ideale Chance, unter Nutzung der Diagonalen ein Bild daraus zu machen. So bleibt letztlich nur die Festlegung des Bildausschnitts, wobei Ihnen die stufenlos veränderliche Brennweite eines Zoomobjektivs zu Hilfe kommt.

Rechts: Speziell für Fotografen schuf Gott die »diagonalen Palmen«. Diese Spezies ist zwar nicht geschützt, doch um so bildwirksamer. Wenn immer Sie einen tropischen Strand unsicher machen, dann halten Sie Ausschau nach einem solchen Exemplar, denn es verhilft Ihnen dank der Diagonalen im Handumdrehen zu ansehnlichen Bildern. So bleibt im Wesentlichen nur die Wahl des Ausschnitts. Wahrscheinlich werden Sie eine relativ kurze Brennweite einsetzen – 28 mm vielleicht. Hier in der Landschaft dürfen Sie die Kamera ungestraft ein wenig nach oben neigen, um den Ausschnitt zu optimieren.

Unten: Wie auf Schienen läuft das Auge von der linken unteren Bildecke zum Karren am Ende der Brücke. Es kann gar nicht anders, es muss dieser Linie folgen. Im zweidimensionalen Bild wird die Tiefe fast »greifbar«. Diagonale Leitlinien stellen die Verhältnisse völlig auf den Kopf: Wie durch ein Fenster blicken Sie auf eine Szene, die in Wirklichkeit nur auf der Fläche des Papiers vor Ihnen liegt.

Oben: Von vorn nach hinten durch das Bild laufende Strukturen haben eine geradezu zwingende Wirkung auf das Auge. Es kann nicht umhin, diesen Linien zu folgen und läuft so in die Ferne – Tiefe –, die es im Bild selbst gar nicht gibt. Es entsteht optimale Plastik.

Diagonalen gehören zum festen Repertoire des bewusst Fotografierenden. Wenn Sie die Aufnahmen in diesem Buch genau anschauen, werden Sie sie überall wiederfinden. So faszinierend Diagonalen in ihrer Bildwirkung sind, so einfach lassen sie sich erzeugen. Denn sie sind allein eine Folge des Aufnahmestandorts. Ob Sie sich nun frontal vor einem Motiv aufstellen oder nur wenige Schritte zur Seite treten – der Aufwand ist derselbe, die Auswirkung auf Ihre Bilder jedoch enorm. Kaum ein zweites Gestaltungselement der Fotografie kann so überzeugend Tiefe suggerieren.

Links: Auch mit einer langweiligen Brüstung kann man wunderbar optisch spielen. Ein, zwei Schritte nach links, und der Effekt wäre völlig verschenkt. So jedoch wird die sanft geschwungene Linie erneut zur Schiene. Und wie Sie sehen, kommt es lediglich darauf an, den Aufnahmestandort so zu wählen, dass derartige Linien entstehen.

Dieses Bild spricht Linkshänder möglicherweise noch stärker an als Rechtshänder. Warum? Nun, für Rechtshänder – die sicher in der Mehrzahl sind – ist der natürliche Linienverlauf stets von unten links nach oben rechts. Würden wir die gegenüberliegende Aufnahme seitenverkehrt betrachten, hätten wir nicht dieselbe »Befriedigung«. Ein Linkshänder dagegen empfindet den Verlauf von rechts unten nach links oben als optimal. Und dies schlägt sich unter Umständen auch in Ihrer persönlichen Art der Bildgestaltung nieder, sollte bei Ihnen die linke Hand dominieren.

Unendlich viel lernen können Sie, wenn Sie sich gute Fotos einmal sehr genau auf das anschauen, was im Laufe dieses Buches immer wieder anklingt. Wahrscheinlich werden Sie überrascht sein, dass sich jede einzelne unserer Thesen dort wiederfindet – und vielleicht werden Sie diese Bilder jetzt mit ganz anderen Augen sehen.

Neue Horizonte

Die Überschrift dürfen Sie ganz wörtlich verstehen, denn ich möchte Ihnen tatsächlich »neue Horizonte« für Ihre Bilder vorschlagen. Warum neu? Nun, wo legen Sie den Horizont in Ihren Bildern üblicherweise hin? In die Mitte? Sehen Sie, genau deswegen.
Leider findet sich der Horizont in den Aufnahmen zu vieler Hobbyfotografen in der Mitte und zerschneidet das Bild damit in zwei gleiche (langweilige) Teile.

Links: Die Spiegelung in diesem norwegischen Gewässer ist weitaus interessanter als der Himmel. Statt also den Betrachter vor die Frage zu stellen, ob die obere oder die untere Bildhälfte wichtiger ist, neigen Sie die Kamera ein wenig nach unten und geben der spiegelnden Wasserfläche den Vorzug. Das Boot platzieren Sie durch entsprechende Standort- und Ausschnittwahl in einem Bilddrittel, so dass sich ein harmonischer Gesamteindruck ergibt.

Links: Ganz anders die Situation bei dieser Aufnahme aus einem schwankenden Boot. Der Vordergrund enthielt keine bildwirksamen Details. Da war der Himmel wesentlich interessanter. Ein Polfilter auf dem Weitwinkelobjektiv 28 mm arbeitete die Wolkenstimmung heraus.

In der Landschaft kann ein tiefgelegter Horizont über einen fehlenden Vordergrund hinwegtäuschen, sofern der Himmel interessant genug ist. Fast unentbehrlich wird bei der Einbeziehung größerer Himmelspartien ein Polarisationsfilter, das die Farbsättigung anhebt.

Technische Marginalien

Die Grenzen der automatischen Scharfeinstellung

Autofokus ist ein Segen, doch nicht das Maß aller Dinge. Naturgemäß hat auch diese Technik ihre Grenzen, an denen man sich nicht scheuen sollte, AF einfach abzuschalten und von Hand zu fokussieren. Einäugige SLR-Kameras arbeiten mit passiven Autofokus-Systemen. Das heißt, sie ermitteln die Entfernung zum Objekt durch einen Bildvergleich im Messfeld. Dabei kann es in einigen Fällen zu Schwierigkeiten kommen.

Rechts: Starke Reflexe können das System ebenso blenden wie das menschliche Auge. Kontrastlose Flächen – eine strukturlose Wand, zum Beispiel – gestatten keinen Bildvergleich: Nichts geht mehr. Helfen können Sie sich durch Schärfenspeicherung auf ein Ersatzobjekt in etwa gleicher Entfernung wie das Detail, auf das Sie ursprünglich scharfstellen wollten: Ersatzobjekt mit dem AF-Messfeld anzielen, Auslöser antippen und so halten, auf den endgültigen Ausschnitt schwenken und auslösen.

Rechts: Autofokus stellt im Normalfall auf das nächstliegende Detail scharf, das vom Messfeld erfasst wird. Nachdem heute sehr breite Messfelder verwendet werden, würde der herabhängende Ast wahrscheinlich ausreichen, die Schärfe auf sich zu ziehen.

Abhilfe ist nicht schwer: Mit dem zentralen Messfeld »gezielt zielen« und die Schärfe speichern, notfalls von Hand einstellen. Bei Kompaktkameras, in denen die Entfernung mittels Infrarotstrahl ermittelt wird, müssen Sie bei Aufnahmen durch ein geschlossenes Fenster die Unendlich-Einstellung verwenden.

Überlegt blitzen

Wenn Sie eine einigermaßen moderne Kamera besitzen, haben Sie gute Voraussetzungen für gelungene Aufnahmen »bei jedem Licht«. Allerdings – die Unterschiede zwischen den von den verschiedenen Kameratypen und -modellen gebotenen Möglichkeiten sind enorm groß, so dass eine starke Verallgemeinerung unumgänglich ist.

Die Hauptcrux beim Blitzen ist die Intensität des Blitzlichts, denn diese verringert sich mit dem Quadrat der Entfernung. Und das erklärt, warum Sie keine in die Tiefe gestaffelten Motive mit einem einzigen Blitz vernünftig ausleuchten können. Im Gegensatz zur normalen Fotografie sollten Sie deshalb einen diagonalen Bildaufbau möglichst meiden und versuchen, alles mehr oder weniger in einer Ebene anzuordnen.

Unten: Hätte die am nächsten sitzende Person ein knallweißes Hemd angehabt, wäre die Bildwirkung durch die starke Reflexion sehr beeinträchtigt worden. So jedoch ergibt sich eine ausgewogene Belichtung.

Links: Bei Aufnahmen im Freien verpufft der Blitz besonders schnell, denn es fehlen nahe Flächen, die das Licht vielfach reflektieren und damit verstärken. Die diagonale Anordnung der Personen macht den mit zunehmender Entfernung unvermeidlichen Lichtabfall deutlich. Je nach Reaktion Ihrer Ausrüstung ist bei Außenaufnahmen bei völliger Dunkelheit gegebenenfalls eine leichte Pluskorrektur der Blitzbelichtung erforderlich. Das müssen Sie ausprobieren.

Rechts: Diese Aufnahme wurde auf Tageslicht(dia)film gemacht. Der sich dadurch ergebende, leichte Rotstich entspricht nicht der Wirklichkeit, wirkt jedoch für das Auge stimmungsvoll. Der Verlust von Zeichnung in den Schatten wird vom Auge gleichfalls akzeptiert, denn mehr sehen auch wir in einer solchen Situation kaum.

Rechts: Die Blitzaufnahme zeigt eindeutig mehr Details, die Stimmung jedoch ist eine völlig andere. Dank einer etwas längeren Verschlusszeit (etwa 1/30 s) können die Lampen eine Andeutung der ursprünglichen Stimmung bewahren. Doch die Ausleuchtung des Vordergrunds wirkt unnatürlich, weil der Blitz nur hier wirksam ist.

Links: Die meisten der heute in der Hobbyfotografie eingesetzten Kameras verfügen über ein kleines eingebautes Blitzgerät. Diese Winzlinge sind enorm praktisch, doch natürlich keine Kraftprotze. Deshalb werden sie oft als unzureichend und nutzlos abgetan. Doch das geht an der Praxis vorbei. Ganz auf sich allein gestellt, ist ein eingebautes Blitzgerät durchaus in der Lage, Situationen wie diese zu retten. Denn sobald man sich dem Motiv genügend nähern kann und nicht auf eine längere Brennweite angewiesen ist, reicht die verfügbare Blitzleistung voll aus.

Problematisch wird es insbesondere, wenn Sie mit einer Zoom-Kompaktkamera im Telebereich blitzen wollen, denn bei den langen Brennweiten weisen diese Kameras heute oft nur noch eine schon fast unanständig geringe Lichtstärke auf. Und je kleiner das »Loch«, durch das sich das Licht zwängen muss, um so weniger kommt hinten an. Damit wird den eingebauten Miniblitzen schnell der Garaus gemacht, und selbst ein leistungsstarkes, externes Blitzgerät kommt unter Umständen ins Schwitzen, wenn es bei einer Synchronzeit von vielleicht 1/90 s und sehr kleiner Arbeitsblende – zum Beispiel beim Aufhellblitzen – noch Licht auf ein nicht ganz so nahes Objekt bringen soll.

Rechts: Was ein eingebautes Blitzgerät (und natürlich jedes externe) für Sie tun kann, illustrieren diese beiden Bilder. Die linke Aufnahme entstand »ganz normal«, ohne Blitz also. Die relativ tiefen Schatten im und um das Gesicht wirken wenig vorteilhaft.

Ein automatischer Aufhellblitz (rechts) mildert diese Schatten so weit, dass sich ein natürlicher Eindruck ergibt. Dieser kann sich jedoch nur einstellen, wenn die Kamera den Blitz zart dosiert, die Schatten nicht völlig wegleuchtet. Dann nämlich entstünde eine zweite Lichtrichtung – die Aufnahme würde unglaubwürdig. Diesem Punkt kommt enorme Bedeutung zu. Eine Regel lässt sich wegen der systembedingten Unterschiede leider nicht aufstellen.

Allgemein jedoch gilt: Je kürzer der Aufnahmeabstand, um so »zarter« muss der Aufhellblitz ausfallen. Hier müssen Sie die Leistung Ihrer Ausrüstung zunächst auf die Probe stellen und dann gegebenenfalls korrigieren (vielleicht minus 0,3 bis 0,7 LW, eine oder zwei Drittelblenden also). Ab etwa 3 m ist eine Korrektur im allgemeinen nicht mehr erforderlich. Noch etwas wird an der Aufnahme rechts deutlich: Der Blitz bringt Spitzlichter in die Augen und gibt diesen zusätzliches »Leben«.

SCHUSS UND NACHSCHUSS

Es gibt hektische Situationen, in denen man den Wert eines modernen Autofokus-Systems gar nicht hoch genug einschätzen kann. Denn es bietet ja jene zweite Betriebsart – nennen wir sie kontinuierlichen Autofokus –, in der die Schärfe bewegten Objekten laufend nachgeführt wird. In Verbindung mit dem motorischen Filmtransport ein wahrer Segen, denn sofort ist man wieder schussbereit, kann gegebenenfalls sogar auf Reihenaufnahmen schalten. In St.-Remy-de-Provence war Hochbetrieb. Auf dem großen Parkplatz prangten mehrsprachige Schilder, die Kund taten, dass es wegen einer »stierischen Veranstaltung« verboten sei, hier zu »stationieren«. Feria war angesagt, mit lustigem Stiertreiben durch die Straßen.

Oben: Als die Stierhüter der Camargue auf ihren Schimmeln einhersprengten, spielte sich alles blitzschnell ab. Brennweite 135 mm schaffte genügend Distanz zum Geschehen, überbrückte den Abstand jedoch optisch, so dass sich Unwesentliches leichter ausschließen ließ. Dank Schärfennachführung und der Schnelligkeit des motorischen Filmtransports waren die Erfolgschancen wesentlich größer als in jenen Zeiten, in denen man fotografisch noch »zu Fuß« ging. Natürlich kostet eine solche Situation mehr Film als man üblicherweise verschießt. Doch besondere Anlässe rechtfertigen besondere Mittel, und die sollte man dann auch gezielt einsetzen. Dabei brauchen Sie sich bei Reihenaufnahmen nicht auf Superfrequenzen zu fixieren: Moderate drei Bilder in der Sekunde (B/s) reichen für viele Ereignisse voll aus. Überlegt und in Maßen eingesetzt, bringen sie echte Vorteile. Hüten Sie sich allerdings, den Vorbildern in modernen Spielfilmen nachzueifern: Ein der Fotografie völlig unkundiger Mime schießt eine endlose Bildserie nach der anderen – von absolut statischen Szenen! Das macht ihn zum »Profi«.

Seite 58: Diese diversen »Nahkampfszenen« zeigen deutlich, dass die geplagten Jungstiere weitaus mehr Angst hatten als die jungen Männer, die sich in Trauben an sie hängten. Wie froh waren sie, als man ihnen wieder die »Freiheit« schenkte, zur Herde zurückzugaloppieren.

Themen – Thesen – Tipps

Der Mensch im Mittelpunkt

Stets ist es wohl die Familie, die am Anfang dieses schier unerschöpflichen Motivgebiets steht. Die Menschen um uns her werden wie selbstverständlich zum natürlichsten Motiv. Mein wichtigster Rat hierfür: Fotografieren Sie bitte keine Pünktchen irgendwo in Gottes weiter Natur, sondern bringen Sie das ins Bild, was Sie wirklich aufnehmen möchten. Das Söhnchen mit einer Andeutung des Schlosses XYZ ist viel reizvoller als eine »Luftaufnahme« des Schlosses mit einem winzigen Pünktchen darin: »Das ist unser Anton!« Gehen Sie also ran, und machen Sie wirklich erst dann Halt, wenn Sie sicher sind, dass eines Ihr Bild absolut beherrscht: die Person!

Links: So etwa könnte unser »Anton« aussehen – ohne Schloss zwar, doch dafür ganz und ausschließlich »Anton«. Das Geheimnis der erfolgreichen Personenaufnahme? Es heißt »längere Brennweite«, und dabei können Sie kaum übertreiben. So sind zum Beispiel 200 mm durchaus nicht zu lang. Sie lassen nur noch eines gelten: den Kopf (sofern Sie nicht zu weit weg sind). Der Hintergrund wird optisch einfach weggepustet; er versinkt in Unschärfe. Und damit kann keiner mehr mit Ihrem lieben Anton konkurrieren.
Auf eines müssen Sie allerdings bei einer langen Brennweite und starken Annäherung achten: Die Schärfentiefe schmilzt enorm zusammen. Und während es einerseits sehr wünschenswert ist, dass sich der Hintergrund in völlige Unschärfe auflöst, kann dieser Schärfenabfall bei einer großen Blende so krass ausfallen, dass Sie im Halbprofil beide Augen schon nicht mehr scharf bekommen. Das wiederum wird zum Todesurteil für ein Bild, denn fast alles darf unscharf sein in einem Porträt, nur die Augen nicht. Deshalb sollten Sie auch immer direkt auf die Augen fokussieren.

Oben links: Bei einer Annäherung wie dieser brauchen Sie bei 200 mm Brennweite bereits eine Abblendung bis mindestens 4, um beide Augen scharf zu erfassen. Um diese Regel nicht zu kümmern brauchen Sie sich, wenn Ihr Tele(zoom) – wie heute schon fast die Norm – bei dieser Brennweite gerade mal 1:5,6 auf die Beine bringt. Dann reicht die Schärfentiefe auf jeden Fall aus.
Bei dieser Aufnahme betrug die Brennweite 135 mm, die Blende war weit geöffnet auf 1:2. Und das ging nur gut, weil beide Augen in einer Ebene lagen. Schon beim leisesten Halbprofil hätte die Schärfentiefe sonst nicht mehr ausgereicht. Sie sehen, selbst Traumobjektive wie ein hochlichtstarkes Tele 1:2/135 mm sind kein Allheilmittel; man kann hohe Lichtstärke nicht in jedem Fall ausspielen.

Oben rechts: Die venezianische Karnevalsmaske ist mit Brennweite 200 mm mitten aus dem Leben gegriffen; nur wenige Sekunden verblieben, um sie auf Film zu bannen. Die lange Brennweite – aus relativer Nähe eingesetzt – verdichtet die Aussage. Denn es ist wirklich etwas dran an der Behauptung, Teleobjektive würden mühelos zu besseren Bildern führen.
Wenn Sie übrigens nicht gerade schnappschießen, sollten Sie bei Porträts darauf achten, dass die Nase bei Halbporträts möglichst mit der Backenlinie abschließt. Sonst wirkt sie »lang«.

Links: Auch dieser Schnappschuss aus Burma entstand mit Brennweite 200 mm. Erst ein Tele – und es darf ruhig noch länger sein – schafft jene Distanz zum Motiv, die zu ungezwungenen Aufnahmen fremder Menschen in ihrer für uns faszinierenden Umgebung führt. Die längere Brennweite mildert jene Regel, die da besagt, Sie sollten die Kamera nicht nach unten neigen, nicht auf die Leute herabsehen.

Wenn Sie genau hinschauen, werden Sie feststellen, wie wichtig es für die Wirkung der Aufnahme ist, dass die Hand der Frau klar vom Gesicht getrennt ist. Erst diese saubere Trennung lässt das Profil des Kopfes zur Wirkung kommen.

Links: Ein tiefer Blickwinkel führt fast immer zu dynamischen Bildern. Sobald Sie Personen einmal nicht mit Tele, sondern mit mehr oder weniger »normalen« Brennweiten fotografieren, sollten Sie streng darauf achten, die Augenhöhe der Fotografierten nicht zu überschreiten. Besser bleiben Sie noch darunter. Ganz besonders wichtig wird dies bei Kinderaufnahmen. Welch armseliges, kleines Würmchen wird ein »herablassend« von oben aufgenommenes Kind! Machen Sie die Gegenprobe: Gehen Sie in die Hocke, notfalls auch noch tiefer, und fotografieren Sie das kleine Wesen aus seiner Perspektive!

Links: Hier befand sich die Kamera etwas unterhalb der Augenhöhe, und Sie erkennen, wie ungünstig sich ein auch nur geringfügig höherer Standort bei einer derartigen Aufnahme ausgewirkt hätte. Seien Sie deshalb grundsätzlich gelenkig! Sture Augenhöhe ist ein Foto-Killer.

Rechts: Ein kleiner Zuschauer auf den Schultern seines Vaters ergab einen idealen Winkel für einen Schuss mit langer Brennweite. Der große Raum vor ihm drückt jene gespannte Erwartung aus, mit der er in die Ferne blickt.

Rechts: Wenn Sie nicht gerade auf einer organisierten Reise in einer Gruppe über den Platz getrieben werden, sollten Sie sich in fremder Umgebung Zeit nehmen und sich irgendwo einen günstigen, leicht geschützten Standort suchen. Dort verweilen Sie und lauern auf Fotobeute. Schon nach kurzer Zeit verlieren die Umstehenden das Interesse an Ihnen, denn was sollen sie mit jemandem anfangen, der so langweilig in der Gegend herumsteht? Schnell gehen sie wieder zur Tagesordnung über, und Sie picken sich mit dem Tele einen Schnappschuss nach dem anderen heraus.

DER GELUNGENE SCHNAPPSCHUSS

Bei diesem Thema streiten sich zwei Seelen in meiner Brust. Die eine rät zum Einsatz einer möglichst langen Brennweite, die ein »Fischen im Trüben« gestattet, die andere hingegen empfiehlt kurze Brennweiten, die fast blindes Schnappschießen aus kurzem Abstand möglich machen.
Einigen wir uns vielleicht darauf, dass beide Verfahren ihre Berechtigung haben. Insbesondere zur Großdarstellung von Personen brauchen Sie ein möglichst starkes Tele. Doch gerade auf Reisen werden Sie oft den Wunsch verspüren, die exotische Umgebung im Bild festzuhalten. Und dabei werden Sie versuchen, diese Menschen zu ihrem Umfeld in Beziehung zu setzen – mit einem Weitwinkelobjektiv.

Unten: Schon bei leicht längerer Brennweite bleibt man als Fotograf nicht mehr unbemerkt – und das kann ebenso nachteilig wie vorteilhaft sein, je nachdem, wo Sie sich aufhalten. In islamischen Ländern werden Sie schlimmstenfalls gesteinigt, in anderen haben Sie womöglich Mühe, sich der Fotografierfreundlichkeit der Bewohner zu erwehren.

Unten: Eine Aufnahme mit Brennweite 20 mm bei Blende 2,8 auf Diafilm mit ISO 400/27°. Sie beweist, unter welch »ungünstigen« Lichtverhältnissen man heute noch durchaus zufriedenstellend fotografieren kann. Die Schärfe wurde (bei angetipptem Auslöser) auf die Person gespeichert, denn Flammen und Wasserdampf gestatten dem Autofokus-System einer Spiegelreflexkamera keinen Bildvergleich, sondern bringen das Messsystem durcheinander.

Fast immer zieht eine kurze Brennweite die Aufmerksamkeit der zu fotografierenden Personen auf sich. Doch die Nähe der Kamera gibt diesen Bildern eine Direktheit, die den Betrachter anspricht.

Regel Nr. 1 für Weitwinkel-Schnappschüsse lautet: Ganz nah heran! Gleich danach kommt der dringende Rat, zumindest auf Augenhöhe der fotografierten Personen zu bleiben, oft jedoch bewusst tiefe Blickwinkel zu suchen. »Vogelschauen« mit kurzer Brennweite wirken meist befremdlich (und flach). Brennweiten bis hinab zu 20 mm sind für hautnahe Schnappschüsse gut geeignet. Um ein wenig Spontaneität zu wahren, heißt es, möglichst schnell zum Schuss zu kommen, noch bevor die Auserwählten Gelegenheit haben, zu reagieren.

Und dafür empfehle ich Ihnen folgendes Verfahren: Schalten Sie Autofokus ab, und stellen Sie von Hand eine mittlere Entfernung in jenem Bereich ein, in dem Sie Ihre Motive erwarten. Durch die kurze Brennweite ergibt sich meist ausreichende Schärfentiefe (in Abhängigkeit von den Lichtverhältnissen, der Filmempfindlichkeit und der gewählten Belichtungsfunktion, die sich ihrerseits auf die Arbeitsblende auswirken kann.) Die Kamera regelt die Belichtung, und so können Sie sie erst im letzten Augenblick schnell ans Auge nehmen – und auslösen.

Ein Motiv hat viele Gesichter

Ich möchte Sie durchaus nicht verführen, leichtsinnig draufzudrücken und unnötig viel Film zu opfern – doch bei interessanten Motiven sollten Sie sich mit einer einzigen Aufnahme wirklich nicht bescheiden. Denn fast jedes Motiv lässt sich »ausarbeiten«, in immer neue Sichten auflösen. Und dabei werden Sie entdecken, dass Sie viel mehr aus ihm herausholen können als der erste flüchtige Blick vermuten lässt. Viel mehr noch: Mit diesem »Herantasten« haben Sie den Weg hinweg von den Übersichten zu wirklich eindrucksvollen Bildern gefunden.

Oben: Eine Stadt in den südlichen Philippinen feiert Fiesta, und die überwiegend katholische Bevölkerung erbittet mit Kerzen Segen. Das Wetter ist trüb; das Licht reicht gerade mal für einige Aufnahmen um die Normalbrennweite.
Die Übersicht hält zunächst einmal die Situation fest. Doch sie sollte nicht die einzige Aufnahme von diesem Ereignis bleiben, sondern allein der Ausgangspunkt, der durch weitere Bilder von steigender Eindringlichkeit verdichtet wird.
Dies ist der Weg von fast »belangloser« Fotografie zur engagierten Ausarbeitung der Motive mit angemessener fotografischer Befriedigung.

Rechts: Der zweite Schuss in der Serie. Die Suche nach Ausschnitten beginnt. Das Motiv soll weitere fotogene Ausschnitte offenbaren. Denn wozu immer »alles« zeigen? Schließlich geht es darum, »was« diese Personen tun, worauf sich ihre Aufmerksamkeit richtet. Die Flammen machen sich hervorragend – die Köpfe brauchen wir nicht unbedingt. Ein Blick auf Arme, Kerzen und Flammen konzentriert die Aussage.

Links: Ein Standortwechsel bringt die Flammen als Diagonalen ins Bild, womit sich die Bildwirkung weiter steigern lässt.

Unten: Der Höhepunkt unserer Serie: Ein Ende des »Kerzenrostes« steuert eine schwungvolle Kurve bei, rote Kerzen im Vordergrund erhöhen die Farbwirkung der Aufnahme. Eine Andeutung der Hände ist der Rest dessen, was zur Aufklärung erforderlich ist. So wird der Bildinhalt weiter vereinfacht, dem Betrachter die Arbeit erleichtert und damit gleichzeitig die Bildwirkung gesteigert. Das Motiv ist auf das Wesentliche zurückgeführt.

Der abgeschlossene Kurzroman

Nicht jedes Ereignis mag für eine etwas ausführlichere Abhandlung, eine Bildgeschichte, geeignet sein. Wenn Sie die Oma vor der Laube ablichten oder das Söhnchen im Kinderwagen, dann mag es unterschiedliche Situationen und Minenspiele geben, doch viel »Geschichte« ist damit sicher nicht verbunden. Wenn Sie hingegen etwas »erleben«, irgendwo auf der Achse sind, dann ergeben sich immer wieder Situationen, die geradezu danach verlangen, etwas ausführlicher festgehalten zu werden. Mag der Wong Tai Sin Tempel in Hongkong stellvertretend hierfür stehen. Am Wochenende quillt er über mit andächtig Betenden, um Hilfe und Beistand Bittenden.

Links oben: Die zum Tempel führenden Treppen bieten sich zu einer Untersicht an, die zur Einstimmung noch einen größeren Ausschnitt zeigt.

Links unten: Tausende von Räucherstäbchen erfüllen die Luft mit dichtem Rauch, der den Bildern ein besonderes Flair verleiht. Mit Brennweite 28 mm wird der Rauch zum bestimmenden Element. Die diagonale Anordnung der Gefäße mit Räucherstäbchen bringt Tiefe ins Bild.

Unten: Aus der Hocke aufgenommen, rückt diese Aufnahme die Betenden bereits in den Vordergrund. Sie wird zum Ausgangspunkt für einen Fotobummel durch dieses fotogene Menschenknäuel.

Beide Bilder unten: Stets von besonderem Interesse sind die Tätigkeiten der Menschen, und es lohnt sich, ihnen dabei direkt oder indirekt über die Schulter zu schauen. Dafür wird es unter Umständen erforderlich, zu einer längeren Brennweite, einem kleinen Tele, zu greifen (wie es heute mit 70 bis 90 mm bereits in den meisten »Normalobjektiven« enthalten ist), um den Ausschnitt auf den Kern des Motivs zu beschränken. Dank Zoom wird die Wahl des Ausschnitts zum Kinderspiel.

Rechte Spalte: Räucherstäbchen sind das dominierende Element dieser Szene. Interessiert schaut die Kamera zu, wie sich die Gläubigen bemühen, sie anzuzünden und mit welcher Inbrunst sie letztlich dargeboten werden.

Ohne es zu merken, haben Sie eine Geschichte erzählt – eine Geschichte, die Ihre Erinnerung weitaus besser wach hält als ein einzelnes »Erinnerungsfoto«. Denn all diese Szenen haben Sie schließlich beeindruckt. Ein einziger Ausschnitt daraus könnte Ihre Erinnerung nur unvollständig erhalten. Erst der »abgeschlossene Kurzroman« zeichnet jene Gesamtsituation nach, deren Erinnerung Sie nicht missen möchten.

Tiere ganz gross

Sie werden vermutlich keinen Löwen zu Ihren Hausgenossen zählen, doch Hund und Katze tun es für den Anfang auch. Recht schnell werden Sie bei den Versuchen der Tieraufnahme feststellen, dass eine gehörige Portion Geduld und Einfühlungsvermögen dazugehört, die Tiere gekonnt auf Film zu bannen. Grämen Sie sich deshalb nicht, wenn Ihnen in diesem Motivbereich nicht jede Aufnahme gelingt. Die Tierfotografie ist das Reservat der langen – oft genug sehr langen – Brennweite. Denn wer möchte seine Kamera mit Weitwinkelobjektiv einem missgelaunten Löwen direkt vor die Nase halten? Gerade bei Haustieren oder anderen zahmen Zeitgenossen haben Sie mit einem Objektiv um die Normalbrennweite eine Chance.

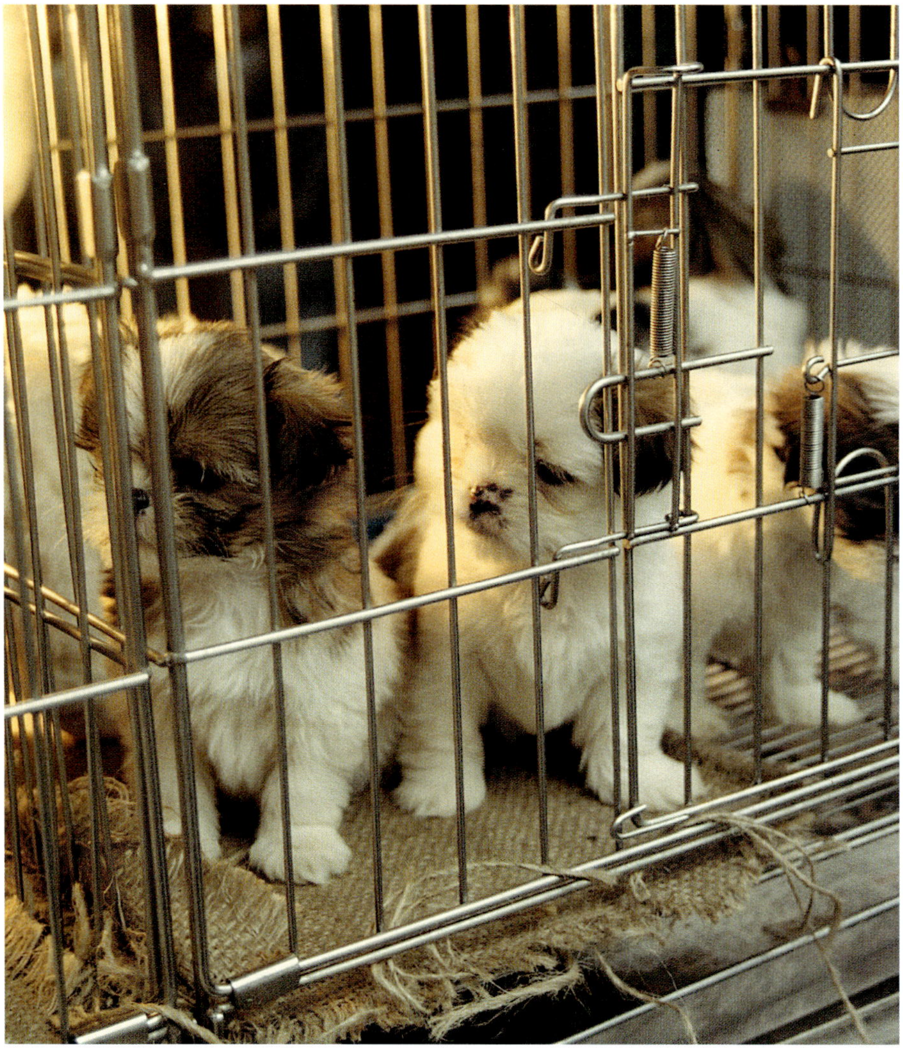

Links: Nicht tabu ist die Normalbrennweite für Tieraufnahmen, doch sie wird sicher die Ausnahme bleiben. Denn überwiegend werden Sie zur längeren Brennweite greifen. Und das fängt schon bei den Haustieren an, die sich aus ein wenig größerem Abstand »entspannter« auf Film bannen lassen.

Wenn Sie nicht gerade auf Fotosafari gehen, wird ein Großteil Ihrer Tieraufnahmen vermutlich im Zoo entstehen. Dort allerdings sollten Sie das Normalobjektiv vergessen und ausschließlich auf sehr lange Brennweiten setzen . Denn dank der relativen Freiheit, die die Tiere in unseren Zoos genießen, trennt uns meist eine beträchtliche Distanz von ihnen. Und so fängt es eigentlich mit 200 mm erst an, interessant zu werden.

Freilich, lange Brennweite (und meist keine besonders hohe Lichtstärke) verlangt nach hochempfindlichem Film, sollen Ihre Freihandaufnahmen nicht unscharf werden. Sie wissen ja: 1/Brennweite in Sekunden ergibt die (theoretisch) längstmögliche Verschlusszeit für unverwackelte Aufnahmen aus der Hand. Über 200 mm sollten Sie eher noch eine Stufe kürzer belichten. So empfiehlt es sich generell, die volle Öffnung des Objektivs auszunutzen und hierzu auf Zeitautomatik zu schalten.

Oben rechts: Bruder Löwe war gereizt, denn er bemühte sich gerade um die Gunst einer jungen Löwin – und wer möchte sich bei derlei Tätigkeit schon stören lassen? Die Aufnahme entstand mit 400 mm Brennweite, die Kamera auf das Dach eines Kleinbusses aufgestützt, in einem der riesigen afrikanischen Tierreservate.

Mitte rechts: Auch bei diesem Bild stand ein Objektiv 400 mm Pate. Dass es aus einem deutschen Zoo stammt, zeigt, wie ähnlich die Anforderungen sind, die »freie Wildbahn« und die Freigehege unserer zoologischen Gärten stellen. Ein Normalobjektiv 50 mm brächte das Achtfache der Fläche auf den Film – und dann bliebe das Äffchen ein kleiner Punkt in Gottes weiter Natur.

Unten rechts: Herrlich formatfüllend kann man auf relativ kurze Distanz mit einem der modernen Zoomobjektive 80 – 200 mm fotografieren. Die automatische Schärfennachführung heutiger Reflexkameras garantiert eine hohe Trefferquote selbst bei bewegten Objekten, so dass man sich voll auf die Bewegungen des Tieres und die Stelle seines Auftauchens konzentrieren kann.

FOTOGRAFIE KREATIV

EIN FILTER, DAS ZAUBERN KANN

Ein Polfilter wischt jenen »Grauschleier« polarisierten Lichts weg, der auf allen nichtmetallischen Dingen in der Natur liegt. Und unvermittelt werden die Eigenfarben der Objekte sichtbar, beginnen sie zu leuchten. Blauer Himmel dunkelt kräftig nach, weiße Wolken schweben wie Wattebäusche auf ihm – ein Effekt der sich sonst in der Farbfotografie mit keinem anderen Hilfsmittel erzielen lässt. Dies sind die Anwendungen, die das Polfilter in der allgemeinen Fotografie so wertvoll machen. Erst an zweiter Stelle rangiert die Ausschaltung von Reflexen auf spiegelnden Flächen.
Die Wirkung des Polfilters hängt von zwei Dingen ab: 1. dem Winkel zwischen Aufnahmeachse und Lichtrichtung, 2. der Drehungsstellung des Filters. Denn dieses wird in einer zweiteiligen Fassung geliefert, die eine Drehung erlaubt. So ist der Effekt fein dosierbar. Am stärksten ist die Wirkung etwa im rechten Winkel zur Lichtrichtung. Bei Gegenlicht ist das Filter praktisch wirkungslos. Für einäugige Reflexkameras brauchen Sie ein Zirkular-Polfilter; Linear-Polfilter können zur Fehlbelichtung und Fehlfokussierung führen.

Seite 72: Buchstäblich zum Leuchten bringt das Polfilter die Felsen des Red Canyon im amerikanischen Bundesstaat Utah. Der blaue Himmel wird kräftig nachgedunkelt, noch verstärkt durch den Schuss nach oben. Es erfolgt eine generelle Einebnung der Kontraste, weil das Polfilter die Spitzlichter unterdrückt. Die Eigenfarben aller Dinge treten hervor – das Polfilter wischt den auf allen Details liegenden »Grauschleier« wie von Zauberhand hinweg. Kein Wunder, dass Polfilter zur bevorzugten Ausrüstung des Landschaftsfotografen gehören.

Oben links: Bei voller Nutzung des Filtereffekts kann sich bereits eine Überfilterung einstellen, die bis zu unwirklichen Stimmungen, eventuell auch zum Umkippen der Farben führt. Besondere Vorsicht ist überall dort geboten, wo die Luft sehr rein ist – im Hochgebirge zum Beispiel oder am Strand. Hier bringt ein sorgfältiger Blick in den Reflexsucher Sicherheit bei der Dosierung des Effekts, denn dieser lässt sich recht gut visuell beurteilen. Wenn sich die Frontlinse Ihres Objektivs bei der Fokussierung mitdreht, darf die Drehung des Filters erst nach der Scharfeinstellung erfolgen.

Oben rechts: Hart prallen die Komplementärfarben Blau und Rot aufeinander. Das Polfilter hat den schimmernden Grauschleier weggewischt, die Farben treten satt hervor. Die Bildwirkung ist unvergleichlich besser als ohne Filter, was uns bei normaler Betrachtung eines Motivs allerdings meist nicht bewusst wird, weil wir die Dinge nun einmal mit Grauschleier zu sehen gewohnt sind. Wieder einmal bewahrheitet sich hier, dass unsere normale Sehweise nicht ohne weiteres auf die Fotografie übertragbar ist, wenn uns an »ansehnlichen« Bildern gelegen ist.

Rechts: So können Sie »Fenster einschlagen«, ohne dass es Scherben gibt: Bei günstigem Winkel kann das Polfilter Spiegelungen auf Glasflächen (ebenso wie Wasser) weitgehend bis völlig beseitigen. Die Bildabsicht wird dabei darüber entscheiden, wie weit man den Effekt ausreizt.

Stimmungsvolle Weichzeichnung

Sie kommen und gehen, die Wellen der Weichzeichnung. Mal ist knallharte Schärfe gefragt, dann wieder folgt eine Periode, in der wir uns nach etwas größerer Beschaulichkeit sehnen und bewusst der Romantik hingeben.
Weichzeichnung lebt vom Licht, primär vom Gegenlicht. Dabei brauchen Sie für die beschauliche Fotografie mit verträumter Weichzeichnung nicht unbedingt tief in die Tasche zu greifen. Außer den zahllosen als Zubehör erhältlichen Weichzeichnungsvorsätzen gibt es nämlich auch »Hausmittel«, die auf diesen Seiten gleichfalls in Beispielen zu Wort kommen sollen. Wem das zu einfach ist, der kann noch immer zu einem Spezialobjektiv greifen, das allerdings eine größere Investition erfordert.

Unten: Diese Aufnahme entstand mit einem Spezialobjektiv der Brennweite 135 mm, das durch gezielte Einführung sphärischer Abbildungsfehler eine dosierte Weichzeichnung erlaubt. Für den echten Fan dieser Art der Fotografie ist ein solches Objektiv sicher unverzichtbar, wenngleich es das Budget merklich belastet. Doch es gibt eine ganze Reihe von Objektivvorsätzen, die mit unvergleichlich geringerem Aufwand letztlich auch zur Weichzeichnung führen, wobei jedes Produkt seine eigene Handschrift hat und nicht direkt mit anderen vergleichbar ist. So ergibt sich eine breite Palette der Möglichkeiten, die jedem Geschmack gerecht wird.

Rechts: Während viele Weichzeichnungsvorsätze bzw. -objektive stark blendenabhängig reagieren (größere Blendenöffnungen führen zu stärkerer Weichzeichnung), ist das für diese Aufnahme verwendete Zeiss Softar II, das wie ein Filter aufs Objektiv geschraubt wird, blendenunabhängig. Eine Vielzahl auf seine Vorderfläche aufgedampfter »Mini-Linsen« legt einen feinen Hauch der Weichzeichnung über das Motiv. Die Blendenunabhängigkeit hat jedoch auch ihren Nachteil, denn so sind Sie mit ein und demselben Weichzeichnungsgrad verheiratet, während Sie den Grad der Weichzeichnung bei anderen Hilfsmitteln durch Auf- bzw. Abblendung in gewissen Grenzen steuern können.

Oben: Ein weiteres Beispiel für Vaseline auf einem UVa-Filter. Die ausgesparte Bildmitte führt zur Scharfabbildung dieses Bildteils. Die Stärke des Vaseline-Auftrags bestimmt den Grad der Weichzeichnung. So lässt sich jedes Motiv mit etwas Muse individuell behandeln.

Rechts: Objektivvorsatz hausgemacht: Ein UVa-Filter wurde mit ein wenig Nivea-Creme bestrichen. Erwartungsgemäß ist der Überstrahlungseffekt in den hellsten Bildteilen am stärksten. Alternativ könnten Sie – zum Beispiel mit Hilfe eines Cokin-Adapters – eine entsprechend zugeschnittene, simple Planscheibe vor dem Objektiv anbringen, auf der Sie nach Herzenslust mit Vaseline »malen« dürfen. In diesem Fall haben Sie es in der Hand, bestimmte Bildteile selektiv weichzuzeichnen, indem Sie die Vaseline nur auf die betreffenden Stellen der Glasscheibe auftragen.

Effekte im Bild

Eine Vielfalt von Effektvorsätzen gibt es, die Ihnen helfen sollen, sich abzuheben. Allesamt haben sie einen großen Nachteil: Sie sind außerordentlich begrenzt in ihrer Anwendung, denn man muss sie sich wie Salz vorstellen – als Prise verfeinern sie die Suppe, in großen Dosen genossen jedoch machen sie das feinste Mahl ungenießbar. Und deshalb brauchen Sie, wenn Sie sich der Effektfotografie als Disziplin verschreiben, eine große Zahl dieser Hilfsmittel, um möglichst viel variieren zu können.
Ganz nette Spielereien ermöglicht hin und wieder eine Punktlinse, die man sich als stark vergrößernde Nahlinse mit einem Klarglaszentrum vorstellen darf. Je nach Brennweite (und Objektivkonstruktion) taucht sie die Bildecken in zunehmende, starke Unschärfe. Dabei leuchtet ein, dass dieses »Abtauchen« der Bildecken um so schwächer wird, je länger die Brennweite, denn dann bleibt nur noch das (klare) Mittelfeld der Linse übrig, und der Effekt fällt aus. So eignet sich diese Linse primär zur Verwendung mit einem im Weitwinkelbereich beginnenden Zoomobjektiv.

Unten links: Die Wirkung einer Punktlinse ist stark von der Brennweite des Aufnahmeobjektivs abhängig und ermöglicht so die Erzielung vieler unterschiedlicher Effekte. Damit lädt sie geradezu ein zum Experimentieren, wie dies bei Effektvorsätzen aller Art generell angeraten ist.

Unten rechts: Das vielleicht universellste Effektzubehör ist ein graues Verlauffilter, wie es zum Beispiel Cokin als quadratische Kunststoff-Scheiben liefert. Es gestattet selektives Zurückhalten besonders heller Motivteile – zum Beispiel des Himmels mit der Sonne – so dass der Kontrastumfang auf ein Maß reduziert wird, das der Film noch bewältigen kann.

NICHTS LEICHTER ALS EIN FEUERWERK!

Das mag Sie erstaunen, aber es stimmt. Das Wichtigste dabei ist eigentlich nur die Standortwahl, denn erstens sollte das Feuerwerk das Bild so weit wie möglich füllen, und zweitens wird erst ein genügend heller, irdischer Vordergrund zur Abrundung. Und natürlich brauchen Sie ein Stativ, denn Sie müssen den Verschluss offen halten, bis genügend Leuchtgarben durchs Bild gezogen sind.

Links: Kamera aufs Stativ gestellt und eine kurze Brennweite gewählt – etwa im Bereich von 28 – 35 mm. Das Objektiv stellen Sie von Hand auf unendlich, die Belichtungsfunktion auf »B« (heute meist »bulb«). Für die Belichtung gibt es eine ganz einfache Regel: Bei Film mit einer Empfindlichkeit von ISO 100/21° stellen Sie Blende 11 ein. Sie merken schon: Hochempfindlicher Film ist nicht erforderlich, ja geradezu ungeeignet. Denn die Garben sind sehr hell, und Überbelichtung ließe sie völlig ausbleichen. Dann halten Sie den Verschluss geöffnet, bis Sie genügend Leuchtgarben im Bild haben. Das war's.

Unten: Zu wenige Leuchtgarben im Bild entfalten meist keine besonders starke Wirkung. Ein fehlender, genügend aufgehellter Vordergrund gar macht das Bild unbrauchbar.

Visionen

Zuweilen macht es sich bezahlt, die ausgetretenen Pfade des Althergebrachten zu verlassen und nach Neuem zu suchen. Wer sagt zum Beispiel, dass eine Aufnahme keinesfalls bewegungsunscharf sein dürfe? Oder warum soll sich ein Motiv nicht hinter einem Schleier völlig unscharf abgebildeter Vordergrunddetails verstecken?
Unzählige Beispiele gäbe es für Fotografie extrem oder unkonventionell. Während so einerseits Ihrer Phantasie keine Grenzen gesetzt sind, wird oft auch der Zufall mitspielen, der Ihnen den einen oder anderen Treffer der besonderen Art beschert. Gehen Sie deshalb experimentierfreudig an die Dinge heran, denn Probieren geht über Studieren.

Unten: Ein tibetanisches Kloster im Halbdunkel, Blitzeinsatz unmöglich. In der Kamera normalempfindlicher Film – also offensichtlich keine Chance. Doch, um es anders auszudrücken, weniger als nichts kann man nicht nach Hause bringen. Also lohnt der Versuch. Kamera auf Zeitautomatik – und ausgelöst, die Kamera dabei während der Belichtung sogar noch bewegt. Denn wenn schon »schlimm«, dann ordentlich. Nicht geplant, aber »aus Versehen richtig« ist das Ergebnis.

Unten: Mühsam kämpft sich die Sonne durch dicke Nebelschwaden, die schnell übers Feld treiben. Plötzlich – in einiger Entfernung – diese Szene, die in den Nebel entschwindende Personengruppe. Mit einem Zoomobjektiv 80 – 200 mm an der Kamera war es nur Sekundensache, den günstigsten Bildausschnitt einzustellen und auszulösen. Nur wenige Augenblicke danach hatte der Nebel die Personen verschluckt; die Stimmung schlug um, das Bild war im wahrsten Sinne des Wortes »verflogen«. So gehört auch ein wenig Glück dazu, dass Ihnen der Zufall die rechten Motive vor die Kamera führt.

Unten rechts: Aufnahmen durch sehr naheliegendes, gegebenenfalls sogar dichtes Blattwerk entfalten immer wieder einen besonderen Reiz. Beim Einsatz einer langen Brennweite – vielleicht 200 mm – liegt der nahe Vordergrund so weit im Unschärfenbereich, dass er nur noch schemenhaft aufs Bild kommt. Blüten werden dabei zu Farbtupfern.

Autofokus müssen Sie bei dichtem Blattwerk natürlich abschalten, denn die Kamera würde auf die Blätter scharfstellen. Also bleibt nur die manuelle Fokussierung. Bietet der schemenhafte Vordergrund einige größere Lücken, wird es unter Umständen möglich, mit dem zentralen AF-Messfeld durch diese hindurch zu fokussieren und dann mit gespeicherter Schärfe auf den endgültigen Ausschnitt zurückzuschwenken. Diese Ersatzmessung führt erstaunlich oft zum Ziel.

Das Beispiel der japanischen Gärtner zeigt, dass dieser kleine Trick mit wenig Aufwand sehr viel mehr aus einem Motiv machen kann. Denn ohne die Schemen der Blätter im Vordergrund wäre das Bild eben nur eine alltägliche Aufnahme von Gärtnern bei der Arbeit. Oft erhebt die Überlagerung des Motivs mit einem schemenhaften Vordergrund eine nur durchschnittliche Szene überhaupt erst zu einem ansprechenden Bild.

SACHWORTVERZEICHNIS